Prácticas de autosanación interior

Colección

Espíritu y Vida

AMOR QUE SANA
Álvaro de Jesús Puerta, 2a. ed.
APOSTARLE A LA LIBERTAD
Odette Mainville, 1a. ed.
APRENDA A PARTICIPAR
EN GRUPOS CARISMÁTICOS
Alirio José Pedrini, 5a. ed.
BENDICIÓN DE DIOS, LA
Álvaro de Jesús Puerta, 1a. reimpr.
CRISTO ES TODO PARA NOSOTROS
Carlo Maria Martini, 1a. ed.
ESPÍRITU DEL DIOS VIVIENTE, EL
Romano Guardini, 6a. ed.
ESPÍRITU SANTO ACTÚA EN NOSOTROS, EL
Alfonso Uribe, 9a. reimpr.
ESPÍRITU SANTO EN LA BIBLIA
Y EN NUESTRA VIDA, EL
Hugo Estrada, 5a. ed.
ESPÍRITU SANTO, NUESTRA FUERZA, EL
Benito Beni Dos Santos, 1a. reimpr.
FORMACIÓN DE PREDICADORES
Taciano Ferreira Barbosa, 1a. reimpr.
GRUPOS DE ORACIÓN
Alirio José Pedrini, 3a. reimpr.
MARÍA, LA "MUJER NUEVA"
DISPONIBLE AL ESPÍRITU
Autores varios, 4a. ed.

MARÍA Y EL ESPÍRITU SANTO
Benigno Juanes, 4a. reimpr.
MUJER DE LA PASCUA, LA
Li Mizar Salamanca, 1a. ed.
ORACIONES PARA LA ASAMBLEA
Philippe Madre, 1a. reimpr.
¿POR QUÉ NO TERMINO DE SANARME?
Víctor Manuel Fernández, 5a. ed.
PROGRAMAR EL CRECIMIENTO
DEL GRUPO CARISMÁTICO
Alirio José Pedrini, 3a. reimpr.
SANACIÓN POR MEDIO DE LA BENDICIÓN
Horacio Echeverría Ochoa, 1a. ed.
SEÑOR SANA, EL
Alfonso Uribe, 11a. reimpr.
SOPLO DEL ESPÍRITU, EL
Ugo Vanni, 1a. ed.
SUFRIMIENTO: ¿BENDICIÓN O TRAGEDIA?, EL
Jean-Pierre Prévost, 1a. ed.
TE BUSCO, JESÚS DE NAZARET
Álvaro de Jesús Puerta, 1a. reimpr.
TESORO ESCONDIDO, UN
Serafín Quiroga, 1a. ed.
Y FUERON LLENOS DEL ESPÍRITU SANTO
Salvador Carrillo, 2a. ed.
PRÁCTICAS DE AUTOSANACIÓN INTERIOR
Alirio José Pedrini, 5a. reimpr.

Alirio José Pedrini

Prácticas
de autosanación interior

SAN PABLO

Título original
Practicas de autocura interior

Título traducido
Prácticas de autosanación interior

Autor
Alirio José Pedrini

Traducción
José Guillermo Ramírez

© Edições Loyola
Rua 1822 n-347 Ipiranga
04216-000 São Paulo, SP-Brasil

Impresor
Sociedad de San Pablo
Calle 170 No. 23-31
Bogotá, D. C. - Colombia

ISBN
958-607-652-0

Sexta reimpresión, 2002
Queda hecho el depósito legal según
Ley 44 de 1993 y Decreto 460 de 1995

Con todas las fuerzas vivas de mi amor dedico estas páginas a mi familia, que es una de las bendiciones más grandes de Dios en mi vida.

A papá Dionisio y a mamá Victoria, más vivos ahora que antes de su muerte. Su amor fue tan grande, que tuvieron nueve hijos y adoptaron un décimo.

A José y Diomira, y a sus siete hijos.
A Onildo y Aura, y a sus siete hijos.
A Diomar y Leda, y a sus ocho hijos.
A Santos y Delmira, y a sus seis hijos.
A Ismar y Miriam, y a sus cinco hijos.
A Altamiro y Ada, y a sus tres hijos.
A las hnas. Dalila y Dalvina,
consagradas a Jesús.

A Alirinho, hermano adoptivo, a quien el Padre amó más que a nosotros y lo llevó para el cielo a los diez años.

Presentación

En mi trabajo de predicación de encuentros, retiros, profundizaciones, como también en mi atención personal a muchos que me han buscado y me han pedido auxilio en sus problemas, he sentido la necesidad no pequeña y el deseo creciente de ofrecerles algo concreto, práctico, dinámico para que puedan trabajar consigo mismos en la solución de sus problemas, principalmente en los de orden psicológico y emocional.

De esta necesidad y voluntad crecientes de prestar ayuda a mis hermanos nace este libro. Tiene como objeto ofrecer ejercicios prácticos, concretos, para que el lector pueda asumir un trabajo personal en la solución de sus problemas.

Los ejercicios son psicoespirituales. Tienen un componente psicológico y otro espiritual. Psicología y gracia. O mejor, psicología y poder de Jesús. La persona humana y Jesús, unidos de la mano en un mismo objetivo: curar a la persona por dentro, para que pueda ser más sana, libre, suelta, a fin de que pueda vivir feliz y realizar, muy bien el servicio a los hermanos, cualesquiera que sean.

En realidad hay muchos problemas psicológicos, espirituales, emocionales, comunitarios, sociales, que afligen a las personas. Hay muchos que buscan soluciones a sus problemas. Pero hay pocos disponibles para prestar ayuda a los hermanos necesitados.

Entre los participantes y simpatizantes de la renovación en el Espíritu hay una enorme y constante búsqueda de aquellos que oran por la sanación interior. Pero los que hacen estas oraciones son tan pocos... Tan pocos que se produce hasta cierta angustia en los que desean esta intercesión y no encuentran quién la haga.

Por este motivo propongo en este trabajo la oración para la autosanación. O sea, enseño a la propia persona para que ella ore en favor de sí misma con formas dinámicas de oración de sanación interior.

La oración de sanación interior hecha por otro no excluye el que alguien pueda orar por sí mismo, por su propia sanación interior. Pienso que a veces la oración para la autosanación interior es más escuchada y benéfica que la realizada por otra persona.

Me he propuesto hacer un libro bien sencillo, accesible a cualquier persona. Al mismo tiempo, concreto, práctico y fácil. Adopto un lenguaje simple, evitando términos de difícil comprensión.

Mis deseos, mi oración y mis votos se dirigen a Dios Padre, a Jesús vivo, Salvador, y al Espíritu santificador, para que bendigan, curen, liberen, colmen, hagan muy felices a todos los que, ante ellos, se presenten con fe y confianza para pedir la solución de sus problemas.

También deseo que todos los que pidan no se queden con los brazos cruzados, sino que hagan muy bien su parte, por medio de los ejercicios aquí señalados. Dios hará también su propia parte.

Capítulo I

Flores y espinas
en el camino de la vida

Los caminos del ser humano están sembrados de flores y de espinas. Muchas flores: alegría de toda suerte; salud, felicidad, paz; realización personal, familiar, profesional; éxitos, victorias y glorias; comunión de amor con Dios, con los semejantes, consigo mismo. También hay muchas espinas: enfermedades, deficiencias físicas, carencias de salud; problemas familiares de diferentes clases; desempleo, pobreza, irrealización personal; tendencias viciosas, dudas, incertidumbres, miedo, angustias, depresiones; desamor para con Dios, con los semejantes, consigo mismo, con el mundo creado. Es un hecho innegable: en la vida de todo ser humano hay flores y hay espinas.

La espina en la carne duele, hiere, infecta, hace sufrir. Es preciso, pues, sacarla. Hay que hacer alguna cosa, tomar actitudes concretas para sacarla.

¿Quién no ha sido herido por tales espinas? En el gran número de espinas sembradas en el camino humano, deben haberte herido algunas, grandes o pequeñas. Las espinas son las experiencias dolorosas de toda clase y los problemas que presenta la vida.

1. Experiencias dolorosas y problemas

La finalidad de este libro es enseñar la oración de la autosanación interior. Es decir, enseñar a sacar las espinas y a curar las heridas. O también: ayudar a curar las experiencias dolorosas y a resolver los problemas psicoemocionales.

Es útil, por tanto, que reflexiones sobre las experiencias dolorosas y los problemas íntimos, para que los descubras, los percibas, y te hagas consciente de la posibilidad de curarlos y solucionarlos.

1.1. *En el matrimonio:* son muchos los problemas, y muchas las experiencias dolorosas que pueden surgir en el matrimonio. Por ejemplo: desarmonía permanente o constante. Separación, abandono del hogar, viudez, violencia física, psicológica o moral. Violencia sexual repetida. Infidelidad conyugal, enfermedad prolongada o grave. Ausencias prolongadas, borracheras, marginalidad, desempleo. Impotencia sexual, incapacidad para engendrar hijos. Hijos desviados, viciosos, rebeldes, irritables. Incompatibilidad grave de genios y muchos otros.

1.2. *En la familia:* pueden ser numerosos los problemas y diversas las experiencias dolorosas en familia. Por ejemplo: desamor entre padre e hijos, desamor grave entre hermanos, rechazo claro hacia algún hijo o hermano. Pobreza extrema en la vivienda, en la alimentación, en el vestuario. Enfermedades prolongadas. Fracasos en la educación de los hijos. Violencias y agresiones físicas. Marginalidad, borrachera, desempleo por no querer trabajar. Persecuciones y violencias sexuales en la familia. Abandono del hogar o fuga clandestina de un miembro de la familia. Un hijo o una hija con alguna deficiencia física excepcional, homosexual, lesbiana. Muertes, sobre todo las violentas o inesperadas. Accidentes graves en la familia. Graves pérdidas materiales por incendios, crecientes o malos negocios.

1.3. *En la vida personal:* siempre hay problemas que pueden afectar la vida personal, como: sufrimientos por calumnias, traiciones, injusticias, persecuciones violencias, rechazos, incomprensiones, desprecios, abandonos. Fracasos en la profesión, fracasos en la familia, en los negocios, en los estudios, en el noviazgo, en los proyectos de vida. Autocondenaciones y remordimientos del pasado, rechazos de sí mismos, del propio sexo, de su color, de problemas físicos. Rechazo de la propia historia o de la propia vida. Depresiones, angustias, miedos permanentes, tristezas constantes, pesimismos, disgusto de la vida. Deficiencia o impotencia sexual, homosexualismo, lesbianismo, traumas de sexualidad. Deficiencias físicas. Conmociones nerviosas o emocionales. Agotamientos profundos. Enfermedades incurables.

1.4. *En la religión:* también en la vida de religión (vida de fe) pueden suceder problemas o experiencias dolorosas. Ejemplo: dudas angustiosas sobre la existencia de Dios, de la vida eterna. Rebeldía, amargura, blasfemias contra Dios o sus santos. Decepciones profundas de personas religiosas. Experiencias traumatizantes en ceremonias paganas, sangrientas, de falsas religiones. Confusión de ideas y de prácticas religiosas a causa del espiritismo, la umbanda, el panteísmo, el satanismo; contaminaciones espirituales por la participación en falsas religiones.

Aunque pequeña, limitada e incompleta, esta lista quiere despertar en ti la conciencia de la posible existencia de alguno de estos o de otros problemas o experiencias negativas en tu camino.

A partir del momento en que conoces tu problema, y tomas conciencia de sus causas y consecuencias, podrás buscar y aplicar las mejores soluciones.

2. Experiencias dolorosas y problemas que crean otros sufrimientos

Mientras vivas en este mundo no estás libre de ser visitado por los sufrimientos. Hacen parte del camino humano. Esto no significa que te quedes pasivo, entregado al sufrimiento, con los brazos cruzados. Es preciso curar bien pronto toda experiencia dolorosa. Es preciso resolver todo problema lo antes posible. Sobre todo aquellos que crean otros sufrimientos y muertes.

Hay muchas experiencias dolorosas que si no son sanadas traen otras consecuencias y sufrimientos. Por ejemplo: una esposa por sufrir mucho con su marido que bebe, o que la ofende y desprecia, puede llegar a tener problemas de salud como: úlcera del estómago, fuertes dolores de cabeza, problemas del corazón. También agotamiento nervioso, fuertes depresiones, deseo de morir y otros. Un niño que no ha sido bien aceptado cuando nació, podrá volverse un adulto rebelde, agresivo o sin ganas de vivir. Un niño que mientras era gestado fue deseado como mujer pero de hecho se estaba formando un varoncito, podrá volverse homosexual o podrá sentirse mal por ser hombre. Una adolescente que fue muy perseguida sexualmente podrá llegar a tener serios problemas de armonía sexual en su matrimonio. Principalmente si fue perseguida por alguien de su propia familia. Un niño que vivió su infancia en extrema pobreza, podrá tener después inclinación al robo o ser un eterno rebelde contra sus padres o contra los ricos.

En realidad las experiencias dolorosas y los problemas de la vida pueden traer otras consecuencias desagradables y negativas para la salud física, para el equilibrio psicológico, para el bienestar emocional, para el crecimiento espiritual, para la convivencia comunitaria y para la vida social.

Es muy importante que aprendas a resolver tus problemas y a curar tus experiencias dolorosas, a sanar las heridas de tu corazón y a superar las crisis íntimas. Así gozarás de buena salud interior: física, psicológica, emocional, espiritual. Podrás así vivir una vida más alegre, más feliz, realizada y realizadora, llena de gestos concretos de amor, y de servicios para con todos los que te rodean y con quienes vives.

Jesús quiere que seas una persona sana en todo tu ser: en lo espiritual, en lo psíquico, en las emociones, en lo físico, en la vida familiar, en la vida social, en la comunidad de fe. Para eso vino al mundo. Para eso está vivo en medio de nosotros, para eso nos dejó instrumentos o medios maravillosos como: los sacramentos, sus enseñanzas, sus promesas, su Iglesia.

Capítulo II

Las posibilidades de la oración para la autosanación interior

Es muy cierto que en la historia de todo ser humano hay momentos o tiempos de experiencias dolorosas o de problemas. Es verdad, igualmente, que es posible curar las experiencias dolorosas, solucionar los problemas, sanar las heridas del corazón, sacar las espinas. Casi siempre es posible.

Se hace posible algunas veces, gracias al auxilio de otras personas. Recurre a ellas siempre que sea posible.

En muchas situaciones la propia persona, actuando con inteligencia y sabiduría, puede buscar y aplicar soluciones para resolver sus problemas y sufrimientos.

En cualquier situación se puede recurrir a Jesús resucitado. Él tiene mucho amor, mucho interés y mucho poder para venir en ayuda de quien lo invoca, de quien se acerca a Él con fe viva y confianza. Leyendo los santos Evangelios puedes recordar y admirar los gestos de amor de Jesús, su interés y poder para socorrer a los que sufren. Jesús es el mismo ayer (en el Evangelio), hoy y siempre (en la vida de quienes creen en Él y lo invocan).

1. Tú puedes recurrir a la ayuda de otras personas

En tus problemas psicológicos y emocionales, puedes recurrir a los profesionales de las ciencias psicológicas: psicólogos, psiquiatras, psicoanalistas, parapsicólogos u otros. Son especialistas, y su misión es la de prestar ayuda a sus semejantes –clientes– precisamente para que tengan salud psíquica y emocional. Hay muchos de ellos que son competentes y serios. Son personas de alto valor.

Pero hay algunas dificultades para muchos de los que necesitan de ellos. Primera: el costo, bastante alto. Segunda: la duración del proceso de tratamiento. Tercera: sólo en centros mayores hay buenas condiciones para seleccionar el profesional más indicado. La mayor parte de nuestra población no tiene posibilidades de recurrir a profesionales en psicología. El que pueda recurrir, que lo haga, si quiere.

En muchas ocasiones de problemas y experiencias dolorosas, puedes recurrir al director espiritual, o a tu confesor personal, o a un buen consejero, sea sacerdote, religioso o laico. Escuchándolos con atención, siguiendo sus consejos, realizando aquello que enseñan, orientan, podrás encontrar las soluciones deseadas. ¿Ya conseguiste un director espiritual? ¿O un consejero amigo? ¿O un buen confesor? Has de saber que Dios los asiste con los dones de consejo, ciencia y sabiduría, para que puedan prestarte el mejor auxilio.

2. El auxilio de los que oran por ti

Puedes buscar ayuda donde aquellos que, animados por una vida de fe en Dios Padre, en el poder de Jesús resucitado, en la acción del Espíritu Santo, en la intercesión de María, oran por ti. Estos presentan a Dios tu persona, tus problemas, para pedir auxilio. Piden a Dios que te conceda las bendiciones que necesitas.

Algunos de éstos escuchan tus peticiones, tus aflicciones y problemas. Después, en otro momento, oran solos por ti. Oran una o más veces.

Otos oran por ti en tu presencia. Oyen tus peticiones, tus necesidades y oran inmediatamente contigo, por ti. Esta forma de oración hecha en tu presencia es excelente, sobre todo cuando se trata de pedir a Jesús la solución de los problemas psicoemocionales.

Cada vez es mayor el número de aquellos que, también en la Iglesia católica, son entrenados y aprenden a orar por la sanación interior. Muchos de ellos reciben dones especiales del Espíritu Santo precisamente para orar por la curación psicológica de los que recurren a ellos. Algunos oran solos, es decir: una persona sola ora por ti. Pero es mejor cuando la oración para la sanación interior es realizada por un pequeño grupo bien preparado y adiestrado, experimentado y ungido por Dios. Siempre puedes recurrir a estos intercesores. La oración de sanción interior es una enorme bendición, un valioso regalo de Dios para nuestros tiempos.

17

3. La oración para la autosanación interior

Además de la posibilidad de recurrir a otras personas, como lo indiqué arriba, puedes aprender a trabajar contigo mismo. Aprendes determinados ejercicios de psicología práctica o ciertas formas dinámicas de oración, y con ellas realizas un trabajo personal planeado. Con seguridad tendrás buenos resultados.

En este libro me limito a este aspecto: enseñar formas dinámicas de oración para autosanación interior. Esta posibilidad de orar tú mismo por tu problema tiene la ventaja de que puedes realizarla siempre que quieras, donde quieras, cuando lo necesites. Así no dependerás de otras personas.

Estas formas dinámicas de oración pueden llamarse "terapias psicoespirituales" o "ejercicios espirituales". Tienen algunos elementos de la psicología, algún soporte psicológico, pues destinan a lo psíquico, a la curación del psiquismo humano. Pero su contenido, su dinámica interior, su fuerza interior y su poder son oracionales, son espirituales. Ellas son la unión de la psicología y de la gracia. Es decir, el hombre y Jesús vivo dándose las manos para que Él se manifieste con su poder de curar.

4. Podemos recurrir a Jesús para la autosanación interior

Las formas dinámicas de oración para la autosanación interior no son fórmulas mágicas. No son "una cosa que se lee". Son una buena guía para un óptimo encuentro personal con Jesús vivo, para una buena conversación con Jesús, a fin de pedirle la curación. Son un buen modo de provocar tus encuentros personales con Jesús vivo, en los cuales le presentas tus sufrimientos y problemas y le pides ayuda, solución y curación.

¿Para qué una guía o un esquema?

Para que no dejes de hacer tu parte muy bien hecha. Para que no olvides algunos aspectos importantes en tu conversación con Jesús. Para que te abras totalmente, a fin de que Él pueda realizar en ti su obra.

¿Sí tendrás Jesús interés y poder para atender tus peticiones?

Él dijo: "El Espíritu de Señor está sobre mí, porque me ha ungido. Me envió a anunciar la buena nueva a los pobres; para sanar los corazones heridos; para anunciar a los encarcelados la liberación; dar la recuperación de la vista a los ciegos; para devolver la libertad a los cautivos" (Lc 4, 18-19). He ahí la misión de Jesús. Vino para realizar aquella obra. De hecho, Jesús vino para ser salvador. Salvar es liberar, soltar, curar, desesclavizar de toda especie de mal. Vino a salvarnos de toda clase de males: espirituales, psicológicos, emocionales, físicos, comunitarios, sociales. Vino a salvarnos ya aquí en la tierra, como preparación para el cielo.

Recuerda las maravillas que hizo Jesús, descritas en los Evangelios. Las mismas realiza hoy, cada día, en cualquier lugar donde haya gente que tenga fe viva en su poder. Puede suceder que tú no lo sepas..., pero es verdad que Él las realiza.

Basado en la fe viva y en la confianza en Jesús Resucitado, que te ama como nadie; que fue capaz de dar la vida por ti; que fue capaz de quedarse en medio de nosotros para que tú puedas encontrarlo siempre que quieras; que desea tanto una profunda amistad contigo; que quiere, no sólo ayudarte en tus problemas, sino entrar mucho más en tu vida para ser luz, fuerza, vida, maestro, verdad, salvación para ti; apoyado en la fe y la confianza en Jesús, puedes buscarlo y por medio de estas formas de oración, pedirle que cure tus sufrimientos, resuelva tus problemas, arranque las espinas que te hacen sufrir.

¿Ya aceptaste a Jesús en tu vida? ¿Ya lo aceptaste como tu Salvador personal? ¡Entonces confía y pídele!

Capítulo III

Déjate amar

Déjate amar... Déjate ayudar... Es esencial que quien lleva consigo algún problema psicológico o emocional se deje amar, se deje ayudar; quiera y colabore para que la ayuda ofrecida gratuita, generosa y desinteresadamente, pueda solucionar su problema.

Además, éste es mi único objetivo: ofrecerte con amor y por amor estos ejercicios o terapias, a fin de solucionar tus posibles problemas. He procurado realizar mi parte de la mejor manera empeñándome en superar mi pobreza personal y mis limitaciones.

Ahora vengo a apelar a tu participación consciente y activa, empeñada y perseverante en el proceso de solución de tus problemas. Sin tu participación y colaboración nada bueno podrá suceder. Además, porque este libro es de autosanación, es decir, para ser practicado, aplicado. Tú mismo serás tu "psicólogo", o tu "terapeuta", o tu "médico"... Las terapias, los ejercicios dinámicos, deben se asumidos y realizados.

1. Este libro es un "manual de uso"

Cuando compras un remedio, dentro de la cajita viene un papelito que habla del remedio, de su composición química, de cómo debe tomarse, etc. Aquel papelito se llama "modo de empleo". Tú sabes que, para sanar de una dolencia, no basta leer el modo de empleo del remedio..., hay que tomar el remedio. Tomarlo como lo indica el "modo de empleo" o la receta.

Este libro es un manual de uso, modo de empleo... Habla de los remedios para curar algunos problemas psicoemocionales. El libro no es el remedio..., él habla, enseña, presenta el remedio. Por eso, de nada aprovecha simplemente el leer el libro-receta. Hay que tomar el remedio. Hay que seguir las instrucciones del libro-receta para "tomar" de modo correcto el remedio indicado. Es importante tomar el remedio apropiado.

Estoy seguro de que, infortunadamente, algún día voy a oír, o a leer en alguna carta que me llegue: "Padre Alirio, ya he leído su libro tres veces y no ha resuelto mi problema". Ya le tengo la respuesta: "¡Hijo mío, piensa un poco! De nada sirve leer la receta (modo de empleo) tres veces..., ¡hay que tomar el remedio!". Pregunto entonces: "¿Ya estudiaste el ejercicio correcto para tu problema? ¿Lo realizaste bastantes veces? ¿Lo estás haciendo esforzadamente, con buena voluntad, en oración?".

Por lo demás, este es un aspecto importante y necesario para la solución de tu problema: que estudies el ejercicio que has de aplicar; que lo realices esforzadamente y con buena voluntad; que lo realices con perseverancia y con suficiente tiempo. Tomando el remedio correctamente es como curarás tu enfermedad.

2. Estudiar la terapia
o ejercicio que se ha de usar

Si sientes dolor de estómago debido a la gastritis, sabes que no te aprovechará tomar mejoral o aspirina. Estos son remedios pero no para la gastritis. Para la gastritis el remedio es otro.

Hago esta comparación para que comprendas que para resolver un determinado problema es necesario aplicar la solución correcta, el ejercicio apropiado.

Por eso, usa la inteligencia y pregúntate a ti mismo:

1) ¿Cuál es tu problema?

2) ¿Cuál es el ejercicio o terapia que puede aplicarse para su solución?

3) ¿Cómo se debe usar o aplicar el ejercicio apropiado que se escoge?

4) ¿Por cuánto tiempo debe hacer el ejercicio propuesto?

Otra providencia necesaria es estudiar muy bien el ejercicio indicado, antes de iniciar la autosanación. Es preciso leer con calma, analizar, profundizar, comprender con toda claridad cada paso de la terapia, para realizarla con perfección.

Si tienes dificultad para comprender el ejercicio, pide a alguien que lo lea y te lo explique con todos los detalles y pasos. Si tienes dificultad para hablar espontáneamente el ejercicio, escríbelo todo, siguiendo la guía enseñada. Escríbelo bien completo y detallado. Después realizarás el ejercicio, leyendo lo escrito, siempre con el cuidado de leerlo con concentración, como si lo estuvieras hablando espontáneamente. Tan pronto puedas abandonar el papel para realizarlo naturalmente, hazlo y deja el papel.

3. Realizar los ejercicios esforzadamente y con buena voluntad

Estos ejercicios o terapias no son mágicos. No producen resultados por arte de magia. Es de suma importancia que sean realizados con esfuerzo personal y buena voluntad.

El esfuerzo y la buena voluntad son exigidos en la elección correcta del ejercicio que has de usar; en el estudio del mismo; en sacar cada día el tiempo para realizarlo; y sobre todo, en realizarlo con empeño, dedicación, concentración, comprometiendo el corazón con una voluntad decidida. Es preciso realizarlo en profundidad. Hacer solamente por hacer, no aprovecha de nada.

4. Realizar los ejercicios con perseverancia

Otro factor importante para que los ejercicios produzcan frutos y efectos, es la perseverancia en la realización de los mismos. Es preciso comenzar bien, continuar con firmeza, perseverar hasta el fin, hasta que el problema quede resuelto. La perseverancia es imprescindible.

Muchos tropiezan precisamente en este punto: tienen pereza mental, comodismo, inercia, falta de voluntad firme. Tienen problemas, aprenden soluciones, pero no se dedican a aplicarlas. No quieren hacer esfuerzo personal. No tienen perseverancia. Hay que perseverar, ser persistente, empeñarse con fidelidad. Planear la realización de los ejercicios y cumplir los planes con fidelidad.

5. Programar los ejercicios

Si recurres a un psicólogo o psiquiatra, él combinará y programará contigo la entrevista semanal: todos los jueves a las 19 horas. Ese día y hora estarás en la clínica.

Para la realización de tu autosanación es preciso programar. Como tu programación no depende de la disponibilidad de otros, puedes hacerla más densa, varios días de la semana, o inclusive diariamente.

Programa los días y las horas exactamente; por ejemplo: lunes, miércoles y viernes de las 7:30 a las 8:30, o todos los días, de 6:30 a 7:30, por ejemplo.

Es evidente que tu programación debes hacerla teniendo en cuenta tus compromisos diarios de trabajo, estudio, vida en familia, etc.

Escoge un horario y un lugar que te faciliten la concentración y la realización sin interrupciones.

Programa y realiza con esfuerzo y perseverancia.

Capítulo IV

Cura tus heridas emocionales

Andrés vive lleno de amargura. En los últimos dos años su esposa lo ha mortificado, acusado y agredido verbalmente por celos. Cada vez que llega tarde, al llegar a casa por la noche, sucede una guerra. Sufre porque no existen motivos par la desconfianza de su esposa. Es fiel con convicción. Las muchas tentativas por convencerla de que no hay motivos para sus celos, terminan en nuevas batallas. Las constantes discusiones lo hieren mucho. Estar dentro de casa se ha vuelto ya un verdadero suplicio.

***

Sonia Mara tiene profundas amarguras para con su padre a causa de las agresiones morales, de las amenazas e injusticias que le hace a su mamacita. Sonia ya habló con su padre para hacerlo entrar en razón, para que cambie su comportamiento en la casa. Las cosas se pusieron peor, porque él comenzó entonces a acusar y agredir también a su hija. La rebeldía entonces se apoderó de la joven.

***

Felipe tiene 16 años. Tiene un profundo resentimiento contra sus tíos, hermanos de su padre. Estos eran socios de su padre en una empresa. Los tíos tramaron un negocio, desviaron mucho dinero hasta hacer quebrar la empresa. Los tíos deshonestos quedaron en buena situación económica, no así su padre, quien quedó prácticamente en la ruina. Tuvo que vender hasta la propia casa. Felipe vive contrariado, irritado, amargado. No cree en la gente. No confía en nadie.

***

Marisa está envejecida, desanimada, sin gusto por la vida. Hace diez años sufre a causa de su marido. Todo comenzó cuando él se consiguió una amante. Marisa quizo ayudarle a superar el problema, a dejar la amante, a volver a un amor fiel. El esposo se irritó mucho, pasó a agredirla, despreciarla y chantajearla. Varias veces la golpeó. Por último comenzó a beber. Casi siempre llega borracho, amenaza a la esposa y a los hijos. Marisa ya no resiste más. Ve a los hijos cada vez más disgustados y rebeldes.

***

Nuestros cuatro personajes son personas heridas, amargadas, que sufren y por tanto no son felices, menos realizadas de lo que quisieran y de lo que se merecen. Como ellos, son innumerables los que sufren por falta de amor, por los errores, por las maldades, por los vicios, por los problemas de otras personas.

También tú puedes ser —o podrás serlo— una persona herida, ofendida, amargada por otros. Los otros pueden ser personas de tu familia, de tu casa, parientes, colegas, amigos poco honestos, profesores, o inclusive extraños.

Quienes viven en este mundo están expuestos a sufrir a causa del desamor, de relaciones dolorosas con otras personas. Con seguridad conoces muchos que están heridos a causa de relaciones dolorosas. Conoces a otros que son rebelde o irritables, enfermos inclusive, debido a los sufrimientos vividos, a las ofensas recibidas. Esta es, infortunadamente, una de las realidades dolorosas de las más presentes en la humanidad. Realidad a la cual difícilmente escapa alguien.

1. Las heridas del corazón y sus consecuencias

Como nuestros cuatro personajes, hay mucha gente herida, amargada, irritada, ofendida. A causa de los sufrimientos emocionales, no viven realizados, felices, alegres, sanos. No logran amar como ellos quisieran. La persona herida queda como atada, presa, vuelta hacia sí misma, impedida para ser ella misma en el servicio del amor.

En tus comunicaciones diarias hablas y oyes expresiones como éstas: "Mi marido me hirió mucho...". "Usted me ofendió con su modo de hablar...". "Mi hermana me amargó demasiado cuando habló de mi hija...". "Quedé estropeado con tu modo de actuar...". Te das cuenta de que los cuatro verbos: herir, amargar, estropear, ofender, son aplicados a la realidad de los sufrimientos emocionales. Es decir, a los sufrimientos del corazón. En otras palabras, el corazón emocional es el que queda herido, amargado, estropeado, ofendido.

El corazón emocional es el centro de todas tus emociones. En él percibes, sientes, grabas, reproduces todas tus emociones agradables o positivas, lo mismo que las emociones dolorosas o negativas.

Las heridas del corazón no son lesiones físicas como una herida en el cuerpo, o un tumor en una pierna. Son impresiones o marcas psicoemocionales que quedan grabadas en el centro emocional. Por ejemplo, cuando alguien te hace una ofensa, ¿qué sientes? ¿Cuáles son tus reacciones? ¿Sufres? Estas sensaciones dolorosas son la señal de que has sido herido. Alguien te hirió y la herida duele. Sientes y sufres.

Las heridas del corazón duelen. Duelen mucho. Pueden doler por mucho tiempo. Hacen llorar a veces lágrimas amargas. Ya seguramente habrás presenciado lágrimas muy dolorosas y amargas de personas heridas en el corazón. Los dolores de las heridas del corazón reciben varios nombres: amargura, rabia, ira, odio, venganza, violencia, agresividad, rencor.

Las heridas del corazón, con sus dolores, perjudican al ser humano. Traen consecuencias diversas, más o menos dañosas. Pueden traer consecuencias físicas, psicológicas, espirituales o sociales. Sólo como ejemplo presentamos algunas de ellas:

Consecuencias físicas: los sufrimientos emocionales pueden causar diversas enfermedades físicas: úlceras estomacales, gastritis, disfunciones intestinales, dolores de cabeza, dolores lumbares, presión alta, diabetes, etc.

Consecuencias psíquicas: depresiones profundas, angustias, agresividad descontrolada, disgusto por la vida, desconfianza generalizada, resentimientos permanentes y otras.

Consecuencias espirituales: las heridas del corazón pueden generar problemas espirituales diversos: dificultad en la oración, frialdad espiritual, sensación de no ser amado por Dios, falta de gusto por los ejercicios espirituales y otros.

Consecuencias sociales: las personas emocionalmente heridas pueden tener problemas sociales: encerramiento y aislamiento, comportamiento agresivo, dificultad para la convivencia pacífica, dificultad para amar y dejarse amar, espíritu de crítica destructiva o negativa.

Estas y otras consecuencias provenientes de las heridas del corazón deben motivar a las personas para que se cuiden, a fin de no dejarse herir fácilmente, y en caso de que se produzcan heridas, procurar sanarlas de inmediato.

2. Curar las heridas del corazón

Las heridas de tu corazón pueden ser curadas por la untura divina que Jesús te dejó: el perdón. El perdón sincero, profundo, verdadero, repetido muchas veces, es una untura divina, infalible, maravillosa. Quien la utilice debidamente quedará curado.

Es preciso pasarla por las heridas del corazón varias veces, muchas veces. Por lo demás, se hace como con las heridas del cuerpo. Si tienes una herida en el muslo, ¿cuántas veces te harás curaciones? Hasta que se te cure... Quizás diez, quince, veinte curaciones...

De igual manera debes hacer con las heridas del corazón: repetir la curación con la pomada del perdón, hasta que tu corazón quede curado. Hay heridas que necesitan veinte curaciones para sanar; otras treinta, otras todavía más. El secreto del éxito de la curación del corazón está exactamente en la repetición perseverante de las curaciones, de los actos de perdón.

3. Ejercicio del perdón
para la sanación del corazón

Después de las explicaciones dadas, para que sintonices mejor el problema y te muevas a realizarlo, te presento el modo práctico de hacerlo.

Puedes realizar el ejercicio: en la sala de tu casa, en tu cuarto, echado en la cama, en tu oficina, a la sombra de un árbol, echado en la hamaca, en una iglesia o capilla, o en otro lugar que prefieras.

Guía práctica

1. Invoca la presencia de Jesús: adóralo, alábalo y agradécele las bendiciones recibidas.

2. Conversa con Jesús, dile que estás herido y quieres curarte.

3. Trae a tu presencia con la imaginación a una persona que te haya ofendido.

4. Habla con esta persona, perdonándola, ofensa por ofensa.

5. Prosigue hablando con ella, elogiándola por su aspecto bueno, por sus cualidades y virtudes, por sus buenas acciones.

6. Ora por ella, pidiendo al Señor Jesús que la bendiga con muchas gracias.

Explicitación de la guía

1. Inicia el ejercicio creando un ambiente calmado en tu corazón, un clima de oración. Te concentras, diriges tu atención hacia Jesús. Pídele que se haga presente. Puedes visualizarlo, si quieres, mirándolo vivo, delante de ti, o a tu lado. Conversa con El, adorándolo, elogiándolo, agradeciéndole por los favores recibidos. Ora a tu modo, espontáneamente. Como ejemplo te ofrezco esta sugerencia, para inspirar tu oración:

Señor Jesús, elevo a ti mi pensamiento y mi corazón, deseoso de realizar un encuentro contigo, ahora. Sé que estás vivo, resucitado. Creo que eres Dios, y por ser Dios, estás presente en todas partes, y por lo tanto estás aquí conmigo. Ven, Jesús, ven y quédate conmigo. Necesito de tu presencia. Señor Jesús, te adoro y te reconozco como mi Dios, mi salvador personal, mi redentor, mi maestro, mi buen pastor. Jesús, te agradezco de corazón la fe que me anima, la confianza que tengo, el amor que siento en mí. Siento que amo a mi Dios, a mi prójimo. Te agradezco por mi familia, mis amigos, mi trabajo que tanto me realiza, en fin, todo lo que soy y lo que tengo. Muchas gracias, Señor.

2. Después de un buen tiempo de oración conversación, dile a Jesús que estás herido, que sabes de la necesidad de curar tus heridas, y que estás dispuesto a hacerlo. Puedes pedirle que se manifieste con su poder para que quedes curado mucho más pronto:

Jesús, qué bueno tenerte y sentirte aquí conmigo. Además, necesito mucho de ti ahora, para que cures las heridas de mi corazón emocional. Sé que tú me amas y quieres que las cure, para poder amar más y mejor, con toda la libertad interior. También para que yo tenga más salud y disposición. Jesús, que tú mismo toques mis heridas y las cures. Quiero utilizar el ungüento del perdón que me has dado y recomendado. Quiero hacer las curaciones con el ungüento del perdón, como aprendí. Sé que necesito hacer bien hecha mi parte. Pero cuento con tu ayuda y tu gracia. Hoy, Jesús, quiero tratar las heridas que me fueron hechas por mi padre. Quiero traerlo aquí a tu presencia para poder conversar con él y perdonarlo. Ayúdame, Señor Jesús.

3. Para continuar, traes a tu padre, imaginariamente. Imagínalo sentado frente a ti o a tu lado. Conversa con él para darle el perdón, ofensa por ofensa, hecho por hecho. Habla naturalmente con

él, muy a tu manera. Como ejemplo para inspirar tu conversación con tu padre, te presento la siguiente:

> Papá, qué bueno que estás conmigo aquí. Necesito de tu presencia, pues quiero conversar algunas cosas de mi vida pasada. Vivimos juntos muchos años y fueron muchos los buenos momentos. Te agradezco de todo corazón todo lo bueno que me hiciste.
>
> Pero hoy quiero conversar contigo para curar algunas heridas que traigo en mi corazón. Te pido que aceptes mi perdón, pues perdonándote quedaré curado de mis heridas. Sé que quieres que yo me cure.

4. Continúa tu conversación con la persona presente por la imaginación, perdonándole ofensa por ofensa. Procura repetir muchas veces las palabras: perdono, te doy mi perdón, siéntete perdonado por mí, etc. Puedes emplear palabras como las que siguen:

> Papá: a los siete años nos diste, a mí y a mi hermanita, una violenta zurra por haber hecho con ella una travesura. Sabes, ese hecho tuyo me dejó grabada una imagen de un papá violento. Desde entonces siempre te tuve miedo. Yo te perdono. Sí, te perdono de todo corazón. Te perdono la violencia que te hizo perder la cabeza y darnos tan duro. Te perdono, papá, porque siempre tuve miedo de ti y por ese miedo nunca tuve el valor de abrirte mi corazón en mi adolescencia y juventud. Papá, te perdono todo. Siéntete perdonado para siempre.

Papá, otra cosa que me hirió mucho fue aquella amenaza de golpear a mi mamá. Discutieron bastante, después agarraste a mamá de los cabellos y amenazaste pegarle. Gritaste con ella y la empujaste con violencia contra la pared. Mamá lloró mucho durante varios días. Papá, yo te perdono de todo corazón por aquella violencia. Esa acción me hirió mucho, pero te perdono. Siéntete perdonado, papá.

En forma parecida traes todos los hechos dolorosos y los perdonas uno por uno. En tus palabras de perdón, procura explicar lo que sucedió, tus reacciones dolorosas, para perdonar todo, hasta los más pequeños detalles.

5. Después de haber dado todo el perdón necesario, continúa conversando con la persona para elogiarla por el lado positivo de su vida, por sus buenas acciones, por sus éxitos. Hablas bien a tu manera. Te escribo aquí una muestra como sugerencia:

Papá, de hecho en nuestras relaciones hubo momentos dolorosos y yo salí herido. Sin embargo, quiero decirte que tengo muchos motivos para alegrarme y para elogiarte. Sí, papá, quiero elogiarte por lo buen padre que has procurado ser. Si hubo errores, fueron mil veces más los gestos de amor para con tus hijos. Quiero elogiarte también porque has sido esposo fiel, dedicado, humilde, sincero. Qué bello verte con mi mamacita juntos en la convivencia del amor. Te elogio, papá, por ser hombre de trabajo, justo, correcto, religioso. De verdad que te admiro mucho, mucho. Gracias, papá.

De esta manera prosigues elogiándolo por todas las buenas cualidades, virtudes, buenas acciones, gestos positivos. Sé muy generoso en reconocer el aspecto positivo de la persona y en elogiarlo.

6. Termina el ejercicio orando a Jesús por esa persona. Puedes orar a tu modo bien personal, o de la manera que sigue:

> Jesús, fue tan bueno haber perdonado a papá. Fue tan bueno haber hablado con él y haberle perdonado por todas aquellas amarguras que yo tenía. Ahora, Jesús, te pido que lo bendigas mucho. Jesús, papá se encuentra enfermo. Visítalo y concédele salud. Tú puedes curarlo y te pido que lo hagas. Dale a papá la paciencia en el sufrimiento. Que no se desaliente. Que el médico acierte el tratamiento apropiado. Que mamá y los hijos lo cuiden muy bien. Bendice en él a toda nuestra familia. Gracias, Jesús, muchas gracias. Gracias también por tu presencia conmigo durante este ejercicio de perdón. Gracias por el bien que me hará esta oración de perdón. Muchas gracias, Señor.

De esta manera terminas la terapia de perdón para curar tus heridas emocionales. Sabes que no basta una curación. Hay que volver a renovar el mismo ejercicio de perdón más veces, muchas veces, hasta que te sientas curado. Hasta que tus sufrimientos queden superados y ya no interfieran en tus relaciones. En la repetición de los ejercicios es tá todo el secreto de la curación del corazón.

4. Conclusiones prácticas

—La persona que te ofendió ya murió. ¿Qué hacer?

La imaginas y visualizas viva, resucitada, bonita, feliz. Imagínala sin los posibles defectos o problemas que tenía en vida. En realidad, con la muerte y la salvación, lo que era pecado, vicio, defecto, problema, todo ha terminado. Ella está rescatada, salvada, gloriosa. Visualízala viva, y realiza el ejercicio de la misma manera.

—Afirmas: "Yo ya perdoné, pero a veces vuelve todo el resentimiento". ¿Por qué? Te explico: ya perdonaste: hiciste uno o dos actos de perdón. Pero una o dos curaciones no bastan. Es necesario repetir el perdón muchas veces, o como dijo Jesús: es preciso perdonar setenta veces siete, hasta que la herida quede curada. Perseverar en el perdón, repitiendo los ejercicios: he ahí la norma del éxito. Vuelve, pues, a realizar los ejercicios más veces, y notarás que tu resentimiento no volverá.

—Dices: "Yo ya perdoné, quiero a la persona, pero no olvido la ofensa".

Si perdonaste hasta curar las heridas, no importa que no olvides. No es importante ni necesario olvidar. Lo importante es curarse. Cuando estás curado, puedes recordar y hablar de los hechos dolorosos sin perjuicio y sin dolor. No te preocupes por olvidar. Preocúpate por curarte profundamente.

—Dices: "En realidad aquella persona me hirió mucho. Pero yo le riposté y la ofendí también mucho. ¿Qué hago? Cuando me acuerdo de haberla ofendido sufro, tengo remordimientos".

Bien, para curar estas heridas hechas en ti mismo cuando has herido a otras personas, te ofrezco el ejercicio del capítulo siguiente.

Si necesitas utilizar este capítulo,
relee primero el capítulo tercero.

Capítulo V

Otras heridas del corazón

Aristeo, casado hace 17 años, tiene tres hijos, trabaja como electricista de mantenimiento y hace lo posible para proporcionar algún bienestar a su familia. Hace dos años participó en un "encuentro matrimonial". En el encuentro Aristeo fue iluminado por Dios y cayó en cuenta de la belleza de su familia. Percibió los valores de su esposa, el amor de sus hijos, la riqueza de su hogar. Nunca se había detenido a reflexionar como en aquel encuentro. Quedó maravillado con los valores que descubrió en su hogar.

Estas comprobaciones lo dejaron triste y arrepentido. Sufre, se acusa por haber sido causa de la infelicidad de su propio hogar.

***

Ligia era muy rebelde contra sus padres. Innumerables veces discutió y peleó duramente con su madre. Varias veces abandonó la familia. Sentía una especie de placer en contrariarla. Por este motivo sucedieron varias discusiones con su padre. Fueron años de relaciones dolorosas.

Viviendo en otra ciudad para hacer sus estudios universitarios compartiendo una pieza de pensión con otra amiga, Ligia poco a poco analizó su comportamiento y se dio cuenta de todo el sufrimiento causado a sus padres; las tristezas, dolores y amarguras causadas a su madre. Esta constatación le produjo no poco sufrimiento. Cayó en cuenta de que las arrugas precoces del rostro de sus padres eran consecuencia de su mal comportamiento.

***

David, el hijo mayor de una familia de ocho hijos, familia pobre que vive de la labranza de un pedazo de tierra, cuando recuerda los años pasados, siente tristeza porque reconoce que fue demasiado duro, exigente, autoritario e inclusive violento con sus hermanos menores. Los forzaba a trabajar mucho desde pequeños. Muchas veces los castigó, los amenazó y les pegó.

Ya casado, y crecidos todos sus hermanos, se dia cuenta de que no hay amor, amistad y cercanía entre los hermanos. Existe una indiferencia generalizada. Cada uno vive su vida aparte. No encuentran alegría en la convivencia.

David se siente muy culpable; quisiera reconciliarse con sus hermanos y crear un nuevo tipo de relaciones de amistad, de amor y de bienquerencia entre todos.

Hay mucha gente que sufre, tiene tristezas, amarguras, remordimientos por haber ofendido a otras personas. Quizás tú mismo has tenido la desdicha de causar sufrimientos a otros y por eso estás sufriendo, te sientes mal y deseas reparar esa falta de amor.

En realidad siempre que causas sufrimientos a las demás personas, te hieres a ti mismo. Pero, tarde o temprano, percibirás que te has herido, te has perjudicado cuando causaste sufrimientos a otras personas.

Traduciendo estos datos a nuestro lenguaje, podemos afirmar: cada vez que hieres, amargas, ofendes el corazón del otro, terminas hiriéndote tu propio corazón. ¡A veces estas heridas son tan dolorosas! ¡Cómo sufre tu corazón cuando te das cuenta de haber herido el corazón de personas queridas! Has ofendido, como consecuencia has quedado herido.

1. Cúrate también estas heridas

Estas heridas de tu corazón necesitan ser curadas. Ellas son perjudiciales lo mismo que las que otros te hacen. Traen consecuencias desagradables tanto para tu salud física como para tu psiquismo, tus emociones, tu espíritu, tu vida familiar y social. Podrás recordar estas consecuencias dañosas en el capítulo anterior, pues tanto aquellas como éstas son "heridas del corazón".

¡Cuántas personas tienen problemas de salud; o andan tristes, desalentadas, depresivas; o tienen dificultades en su vida espiritual; o no viven con alegría y armonía en su familia, en el trabajo, a causa de las heridas que se hicieron al herir a otros!

Para curar estas heridas cuentas con el ungüento infalible del perdón. Jesús te da el ungüento y te enseña cómo usarlo para sanar tus heridas.

Hay un dicho interesante sobre el perdón: "El perdón es como una avenida de dos direcciones de tránsito: va y viene." El perdón Va de ti al otro cuando perdonas la ofensa que te han infligido.Y Viene del otro hacia ti cuando lo ofendiste y le pides perdón.

Pedir perdón a aquel a quien has ofendido es el mejor modo de sanar esta clase de heridas. Por lo demás, debes haberte dado cuenta de que al pedir perdón, los dos corazones quedan curados: el que te ofendió y tu propio corazón. La experiencia ya te debe haber demostrado esta realidad.

De esta última afirmación deduces dos formas de hacer las curaciones en estas heridas de tu corazón: 1)Pedir perdón personalmente. 2) Pedir perdón por medio del ejercicio, en oración.

1) Pedir perdón personalmente: al reconocer que has ofendido a alguien, búscalo y, en un encuentro leal, sincero, humilde y auténtico, pídele perdón. Reconoce tu error, la amargura causada, los problemas surgidos, y pide perdón sinceramente. Este gesto es la mejor terapia, el mejor remedio para curar los corazones heridos.

Para realizar este acto se requiere algún esfuerzo: vencer el orgullo de quien no desea humillarse; aceptar la verdad de haber ofendido al otro; superar la barrera de la frialdad creada entre los corazones heridos; revestirse de humildad y valentía para ser el primero en dar el paso en dirección al otro que está herido.

El acto de pedir perdón personalmente, en un encuentro franco, honesto, valiente, cura muchas heridas, reconcilia los corazones, hace retornar la amistad.

2) Pedir perdón en ejercicio de oración: sobre este modo de sanar tus heridas me voy a detener más largamente.

Puede suceder que personas heridas por ti estén lejos, o hayan fallecido, o no hayan aceptado que las buscaras, o ya superaron el problema y no quisieran volver sobre el asunto. En estos y en todos los demás casos, puedes usar este ejercicio que sigue para curar tu propio corazón.

2. Guía práctica

El ejercicio de pedir perdón para autocurarte puedes realizarlo echado en tu cama, en el cuarto, en un templo, en la sala, en el jardín, en el bus, conduciendo o viajando en carro, echado en la grama del jardín o en la arena de la playa, o en tu hamaca.

Si estás a solas, será provechoso hablar en voz audible, calmada, segura.

Este ejercicio o terapia del corazón es muy semejante al del capítulo anterior. Basta invertir la dirección del perdón. En éste, tú pides perdón. Te presento los pasos del ejercicio y después explico cada uno detalladamente para que puedas estar seguro al realizarlo o enseñarlo a otros.

Guía

1. Invoca la presencia de Jesús: adóralo, alábalo, agradécele.
2. Cuenta a Jesús que estás herido por haber ofendido y quieres pedir perdón para curarte.
3. Trae, por la imaginación, a una persona a quien has ofendido o amargado. Conversa con ella sobre lo ocurrido.
4. Conversa con ella pidiéndole perdón, ofensa por ofensa.
5. Conversa con la misma persona elogiándola por su lado bueno, por sus cualidades y virtudes.
6. Ora a Jesús por ella para que la cure y la bendiga.

Detalles de la guía

1. Al comenzar este ejercicio espiritual crea un clima interior de fe, de tranquilidad, de concentración, de presencia de Dios. Invoca la presencia de Jesús resucitado, conversa con El, adóralo como tu Dios; elógialo por todo lo bueno que ha realizado en tu vida, a tu alrededor; agradécele los favores y bendiciones recibidas. Si quieres, visualízalo delante de ti o a tu lado. Si nunca lo has hecho, podrás sentir un desasosiego inicial, pero pronto saborearás la gracia de la presencia de Jesús. Podrías orar así:

> Jesucristo, mi Dios, mi salvador, mi maestro divino, elevo a ti mi corazón y te pido te hagas presente. Me atrevo a pedir tu presencia porque sé

que me amas y quieres estar conmigo. Ven, Jesús. Sé que ya estás aquí. Gracias, Jesús. Señor, te adoro. Te reconozco, te quiero, te amo, como mi Dios. Como Tomás yo afirmo: ¡Señor mío y Dios mío! Es maravilloso estar así tan cerca de mi Dios. Jesús, te alabo, muy admirado de ver cómo eres un Dios maravilloso. Un Dios tan grande, perfecto, sabio, santo, y al mismo tiempo tan sencillo, amigo, misericordioso, comprensivo. Mereces ser alabado por el modo como amas a cada uno en particular.

Quiero agradecerte por esta terapia tan importante y necesaria: el perdón. Te digo que yo, y como yo, muchos otros necesitaríamos de este ungüento y por eso nos lo has dado gratuitamente. Gracias, Jesús.

A tu modo conversa con Jesús creando el mejor clima posible.

2. Sigue hablando con Jesús, le cuentas tu malestar por sentirte herido, por estar descontento contigo mismo, por haber ofendido a otras personas. Dile que deseas pedir perdón para poder sanar tus propias heridas. Podrías orar así o en otra forma bien personal:

Jesús: el motivo de mi presencia y de mi encuentro contigo es el hecho de estar triste, disgustada conmigo misma por haber ofendido a mi esposo. Lo he tratado dura e injustamente muchísimas veces, Señor. Reconozco que lo ofendí, lo entristecí, lo desanimé con mis modales nada buenos. Sé que está herido. Yo lo herí. Y esta certeza, Jesús, me deja destrozada. Sólo ahora me doy cuenta de cuánto lo amargué, lo desprecié, lo ofendí. Señor, esto me duele mucho. Quizás ahora yo sufro más que él. Hoy, Jesús, quiero pedirle perdón para poder curarme y, después, amarlo mucho, y con mi amor reparar el mal que le hice. Ayúdame, Jesús, a curar mi corazón.

3. Usa tu capacidad de imaginar, de visualizar, y has presente a aquella persona a quien quieres pedir perdón. Cuanto más viva esté en tu imaginación, tanto mejor. Conversa con ella, háblale de tu propósito de pedir perdón. Puedes hablar así o de otra manera propia tuya:

César, mi bien, te siento aquí conmigo. El amor nos ha unido y el mismo amor nos une ahora. Me siento en tu presencia. Te veo sentado a mi lado. Dame tu mano. César, reconozco que necesito mucho de tu perdón. He caído en la cuenta de cuán injusta he sido para contigo. Cuántas veces te entristecí con mi modo de ser. Cuántas veces herí tu corazón, te robé la alegría, te dejé triste y desilusionado, amargado. Estás herido, César y yo también, por haber sido injusta, por haberte desilusionado tanto. Quiero pedirte perdón profundo para que nuestras heridas queden curadas y yo pueda curarte como mereces, pues eres tan bueno.

De una manera personal conversa con la persona herida creando el mejor clima interior.

4. Este es el paso esencial de la terapia del perdón. Sigues conversando con la persona presente en la imaginación, y le pides perdón, ofensa por ofensa. Es importante que repitas varias veces las

palabras: "Perdón, perdóname, te pido perdón".
Puedes usar expresiones como estas, u otras:

César, te pido perdón por aquella crisis de celos, cuando dudé de tu fidelidad. ¡Perdón, bien mío! Sé que quedaste muy amargado. Perdóname por todas las tristezas, sufrimientos, desilusiones que te he causado. ¡Perdón, César! Estoy arrepentida. Te pido perdón desde lo más profundo de mi corazón.

Perdóname también, César, por aquella humillación tan grande que te causé delante de tus familiares en aquel aniversario. Me di cuenta de cuán herido quedaste cuando revelé aquel negocio indebido. Perdón, bien mío. Perdón por la vergüenza que te hice sentir, por el malestar que creé, por la situación difícil que te creé. ¡Perdón! Perdóname, pues estoy muy arrepentida.

César, te pido perdón por todas las veces en que me negué a la relación sexual. Cuántas veces rehuí la relación con disculpas mentirosas. Inclusive a veces te eché la culpa de mi supuesta indisposición. ¡Perdón, amor mío, perdón!

También te pido perdón por las muchas veces en que te he criticado delante de los hijos. Por haber querido inclusive echarlos en contra tuya. ¡Perdón! Sé que actué de muy mala manera. ¡Perdón!

De esta manera conversas y pides perdón profundo, sincero, de todas las ofensas y amarguras causadas a la persona presente en tu imaginación. Desde las pequeñas hasta las más grandes.

5. Después de haber pedido perdón largamente, prosigues conversando con la misma persona para elogiarla por su lado positivo. Elógiala por sus virtudes, dones naturales, capacidades manifiestas, buenas obras, actitudes elogiables. Puedes hablar en alguna forma semejante a esta:

César, gracias por todo el perdón que me has dado. Quiero decirte que te amo mucho y veo en ti innumerables aspectos positivos.

Amor mío, sabes que eres un marido maravilloso. Te admiro mucho por tu capacidad de amarme, de ser bueno, comprensivo, paciente, educado, amigo. Hablo con toda sinceridad: eres un marido maravilloso. Si no lo fueras, quizás nuestro matrimonio ya se habría deshecho. Quiero elogiarte mucho por ser un padre maravilloso. Qué bella tu manera de amar, cautivar, educar a nuestros hijos. Por algo ellos te adoran. Otra cualidad bella: tu capacidad de comprender a las personas. Da envidia tu cualidad de entender, acoger, ayudar a las personas. ¡Y tu fe!... ¡Qué hombre de fe! Es edificante oírte hablar de Jesús, de las cosas de Dios, de Nuestra Señora. César, ¡te admiro mucho! Te admiro aún más por el perdón que me has dado. Eres un amor de marido, de padre, de amigo, de cristiano.

A tu modo sigues elogiando a la persona detalladamente. Elogiar es hacer crecer el amor, madurar y trascenderse. Además, el elogio es capaz de derrumbar muchas barreras contrarias al amor: de curar muchas heridas del corazón.

6. Termina el ejercicio orando a Jesús por la persona. Pídele con todas las fuerzas de tu corazón que la bendiga con muchas bendiciones. Puedes orar así:

Jesús, tú acompañaste muy de cerca este ejercicio de perdón. Estoy segura de que me has ayudado con tus buenas inspiraciones. Gracias, Jesús. Te pido, Señor, que bendigas mucho a mi esposo. Consérvalo y hazlo crecer todavía más en su fe tan bella, en su gran amor a las cosas de Dios. Presérvalo, Señor, de todos los peligros, de los malos amigos, de toda tentación. Bendice, Jesús, nuestro hogar. Que César pueda seguir con ese gran amor para con sus hijos, en la paz del hogar. Consérvale su salud. Concédeme, Señor, ser la mejor esposa posible para que pueda hacerlo muy feliz, cada vez más feliz.

Gracias, Jesús, por tu presencia aquí conmigo durante esta oración de sanación por el perdón. Gracias, Jesús. Amén.

Así has terminado tu primer ejercicio, tu primera curación en tus propias heridas. Fue el primero... sabes que no basta una sola curación, se necesitan muchas... Hasta que te sientas libre, curado, de aquellos recuerdos dolorosos.

3. Observaciones necesarias

— El secreto del éxito de esta terapia espiritual consiste en repetirla varias, muchas veces, con perseverancia, esfuerzo personal y compromiso interior. No basta "hablar de labios para fuera" o "del pensamiento para fuera". Hay que hablar de corazón, con verdad y honestidad.

— Cuando comienzas esta tarea con una persona, debes continuar con la misma, días y semanas, hasta alcanzar el resultado deseado. Es aconsejable hacerla por lo menos una vez al día.

— Puedes realizar este ejercicio con más de una persona. En este caso, trabajar con las mismas personas cada día, una después de otra. Por ejemplo: comienzas el ejercicio con tu padre, un hermano y un amigo. El primer día realizas el ejercicio completo con tu padre, después con la hermana, y finalmente con el amigo. El segundo día, nuevamente con el padre, después con la hermana, después con el amigo. De esta manera cada día por más tiempo.

— Cuando la persona herida ya pasó a la eternidad, la imaginas viva, resucitada, feliz, amiga. Realizas el ejercicio de la misma forma.

Si necesitas utilizar este capítulo,
relee primero el capítulo tercero.

Capítulo VI

Si el arrepentimiento matara...

Rosángela vive atormentada por un profundo remordimiento de conciencia. Al saber de la gravidez de su hija soltera, de 17 años, por miedo a las reacciones violentas de su marido; movida por el miedo a la vergüenza, la crítica, las habladurías de los familiares; impelida por el orgullo herido, indujo a la hija a provocar el aborto. El pensamiento de haber provocado la muerte de su primer nieto es una tortura feroz. Se arrepintió mucho, lloró amargas lágrimas, fue a confesarse sacramentalmente, pero no encuentra paz. La pesadilla del aborto practicado es un sufrimiento constante.

***

Luis Alfredo, en su niñez, llevado de su natural curiosidad sexual, convenció a una compañerita a tener juegos sexuales. A ambos les agradó la experiencia. Por eso, de vez en cuando la repetían. Esta actividad se prolongó por varios años.

Cuando la compañera, ya adolescente y consciente, puso fin a estas experiencias, Luis entró en una fuerte crisis de masturbación compulsiva. Al mismo tiempo que se dio cuenta de las consecuencias negativas de esos actos para su vida de joven, quedó muy preocupado pensando en el perjuicio causado a su amiguita, y en otras posibles consecuencias para su futuro de mujer. Le gustaría conversar con ella sobre lo ocurrido, pero le falta valor. El recuerdo de aquellos actos y de sus consecuencias es muy doloroso y conflictivo. Anda encerrado en sí mismo, distante de las personas y muy triste.

***

Mary era muy rebelde y respondona para con su madre. No admitía consejos. La criticaba y humillaba constantemente. Vivió años de relaciones duras y dolorosas, hasta el punto de quedarse semanas sin conversar con su madre. Esta era hipertensa y de mala salud. Inesperadamente, un derrame cerebral acabó con la vida de la madre.

Con la ausencia definitiva de su mamacita, Mary cayó en la cuenta de todo el sufrimiento que le había causado, el desamor que le había tenido, todas las maldades que le había hecho. Entró en una crisis de remordimiento, de arrepentimiento, de acusación personal, de ira para consigo misma. Vive triste, deprimida, nerviosa, sin ganas de vivir. Llega hasta sentir odio de sí misma. Afirma que no merece perdón para sus propios errores.

***

Seguramente conoces y sabes que hay mucha gente que carga el pesado fardo de los remordimientos, de la autocondenación, de la autopunición, de la vergüenza del pasado, inclusive de odio, de rabia, de ira contra sí mismo, a causa de los errores cometidos contra personas de la familia u otras personas o contra sí mismos o contra Dios. Estos sentimientos causan mucho malestar, disgusto, tristeza, encerramiento y otros sufrimientos. También causan otros problemas de diversa índole:

Problemas espirituales: no se sienten amados, atendidos, ayudados por Dios, porque ellos mismos no se aman. No saborean la oración. Sienten frialdad espiritual. Desagrado de las celebraciones comunitarias.

Problemas psicoemocionales: tristeza constante, rechazo y condenación de sí mismos, encerramiento, depresión, desánimo generalizado, sensación de no ser amado y de no saber amar.

Problemas de salud: disfunción intestinal, dolores de estómago, de cabeza, de piernas, en la región lumbar. Presión alta. Problemas de circulación. Peso en la cabeza.

Problemas sociales: el rehuir la convivencia con las personas, encerramiento sobre sí mismos. Mal humor, espíritu de desaliento, de negativismo, de crítica. Dificultad para asumir compromisos.

1. El remedio es el autoperdón

Esta clase de heridas del corazón es muy dolorosa y causa muchos daños a la persona. Cuánta gente vive sin felicidad, arrastrándose por la vida, amarrada, aprisionada, incapaz de ser ya feliz, de ser más realizada y realizadora, a causa de estas heridas.

Ya has oído muchas veces decir: "Si el arrepentimiento matara... yo estaría muerto hace mucho tiempo". Detrás de estas palabras percibes el dolor, el sufrimiento, la tortura, la condena, la vergüenza, la tristeza que envuelve el corazón de aquella persona. Su corazón está profundamente herido. Y fue la misma persona quien se hirió con sus errores.

Pero nadie tiene por qué quedarse en este sufrimiento. Es muy dañino y doloroso. Es preciso curar cuanto antes todas estas heridas. Desde las más grandes hasta las más pequeñas. Desde las más antiguas hasta las más recientes.

El remedio, la terapia, el ungüento para estas heridas tan dolorosas se llama perdón, o mejor, autoperdón. Perdonarse a sí mismo. Es el mismo ungüento divino enseñado por Jesús: perdonarse... repetir el perdón 70x7. Es preciso darse un perdón generoso, profundo, auténtico, misericordioso. Perdonarse como Dios perdona: de todo, siempre, totalmente, sin restricciones.

Por lo demás, nadie tiene derecho a no perdonarse... a ser tan riguroso hasta el punto de no querer perdonarse. Si Dios te perdona, ¿quién eres tú para no querer perdonarte?

El autoperdón es la terapia más rápida y segura para curar las heridas del desamor. Aquel que asume con decisión el ejercicio espiritual del autoperdón, sentirá pronto el mejor efecto.

2. *Guía práctica de la terapia del autoperdón*

Este ejercicio puede hacerse en tu oficina, en tu cuarto, en la sala, echado en la cama, en el bus, echado o sentado en la grama del jardín, en la arena de la playa, en una capilla o templo, o en otro lugar, a tu gusto.

Si estás solo, es recomendable hacerlo en voz audible. En caso contrario, habla con las palabras de tu corazón o con la voz de tu pensamiento.

Te presento los pasos de la guía y enseguida los explico uno a uno, detalladamente y con ejemplos para que te queden muy bien entendidos.

Guía

1. Invoca la presencia de Jesús: adóralo, alábalo, agradécele.
2. Cuenta a Jesús tu problema de remordimiento, de autocondenación, de arrepentimiento, de vergüenza del pasado.
3. Habla contigo mismo, di tu nombre, y perdónate profundamente, error por error, hecho por hecho.

4. Entrega a Jesús tus heridas, tus autodesamores, y pídele que los cure. Pídele paz, amor, alegría.

5. Alaba y agradece a Jesús por tu lado bueno, por tus propias cualidades, dones, buenas acciones practicadas.

Explicitación de esta guía

1. Al comenzar, te concentras, te relajas, creas un clima de silencio interior, de presencia de Dios. Luego invocas la presencia de Jesús resucitado, conversas con El, lo adoras como Dios; lo elogias por su amor, su presencia; le agradeces por los bienes recibidos. Es provechoso visualizar a Jesús delante de ti o a tu lado. Por lo demás, a él le gusta estar contigo. Dijo que estaría de hecho: "Estaré con ustedes todos los días...".

Puedes hablar de esta manera, o como quieras:

Jesús, tú afirmaste: "Yo estaré con ustedes todos los días, hasta el fin de los tiempos". Por eso me tomo la libertad de pedir tu presencia conmigo en este momento de oración. ¡Ven, Señor!

Gracias por tu presencia. Es maravilloso tenerte conmigo, a ti, que eres mi Dios, mi salvador, mi buen pastor, mi hermano mayor. Te adoro como mi Dios. Te alabo por tu amistad, tu bondad, tu interés por mí. Sé que me amas mucho, y has mostrado tu amor de muchas maneras concretas. Es maravilloso, Jesús, poder ser tu amigo, contar contigo, tenerte como mi maestro, mi luz, mi pastor. Gracias, Jesús, por tu presencia.

A tu modo conversas con Jesús, creando el mejor clima de su presencia, clima de fe, de confianza, de intimidad amigable. Por lo demás, para tu enriquecimiento, podrías volver a leer en los capítulos VI y V la forma de la oración inicial.

2. Sigue conversando con Jesús, hablándole de tu problema de autodesamor. Desahógate. Cuéntale todo lo que sientes, por qué lo sientes, lo que has hecho para resolver tu problema. Pídele ayuda. Puedes hablar de esta manera o a tu gusto personal:

Jesús: el motivo que me trae a tu presencia es algo muy doloroso. Disculpa, Señor, pero vengo a traerte mi problema, mis sufrimientos. Dentro de mí hay un remordimiento horrible, un dolor profundo, que se transforma en amargura de mí mismo, hasta en rabia y odio contra mí. Todo comenzó por mi adulterio, mi pecado. Me conseguí una amante, fui abandonando a mi esposa, mis dos hijos, mi hogar. Me enloquecí. Preferí perder el amor, el cariño, la belleza de mi hogar. Hice sufrir horrores a mi esposa. Mis hijos están desolados, desilusionados. Volví en mí, me arrepentí, ya me confesé, pedí perdón en casa a cada uno, pero las heridas en ellos son profundas. Jesús, sé que soy culpable de todo. Sé que destruí los corazones de mis más íntimos y queridos. Mi esposa vive desanimada, a pesar del esfuerzo que hace para aceptarme. Mis hijos me respetan, pero no me aman. Señor, cómo es de horrible haber destruído lo más precioso que poseía. Y también me he destruido a mí mismo, pues vivo angustiado, irritado contra mí mismo. Porque tú, Señor, eres misericordioso, el médico divino, vengo a pedirte auxilio; ayúdame para poder perdonarme a mí mismo.

A tu modo presenta a Jesús todo tu problema íntimo de autocondenación, remordimiento, etc.

3. Después de tu desahogo con Jesús, inicias el autoperdón, conversando contigo mismo, diciendo tu propio nombre y perdonándote de todo corazón. Este perdonarse es como pasar ungüento por las heridas. Puedes hablar de esta u otra manera:

Yo, Jonás, estoy ante mi amigo Jesús. El es testigo de lo que voy a hacer y a decir ahora. Necesito perdonarme, quiero perdonarme para curar mis heridas. Esto me ayudará a reconstruir mi hogar. Yo, Jonás, me perdono de todo corazón por haberme dejado llevar por la pasión de aquella mujer. Me perdono por no haber reaccionado de inmediato. Me perdono por no haber escuchado la voz de mi conciencia que me acusaba. Me perdono, sí, de corazón. Allí fue el comienzo... pero yo me perdono.

Yo, Jonás, me perdono también por no haber hecho caso a aquel colega que trató de apartarme de aquella mujer. Yo me perdono de corazón. Profundamente. Debí haber hecho caso. Pero me perdono igualmente.

Me perdono principalmente por haberme distanciado de mi hogar. Fui tan ciego y extraviado... pero me perdono. También me perdono por las muchas noches dormidas fuera de mi casa. Me perdono por las veces que llegué de madrugada y terminé armando problemas en casa. Me perdono, sí, me perdono de todo corazón.

Me perdono profundamente por todos los sufrimientos que causé a Amelia. Cuántos sufrimientos, cuánto dolor, cuántas decepciones... Yo me perdono. Quiero perdonarme de hecho. Erré demasiado contra ella, pero yo me perdono. Jesús es testigo de que yo quiero perdonarme totalmente.

Sigue repasando todos los hechos, todos los errores, todos los daños causados, todas las consecuencias, y te perdonas en profundidad. Repite tu nombre, repite siempre, varias veces, los términos: perdón, yo me perdono, yo quiero perdonarme, yo me absuelvo.

Es importantísimo hablar lentamente, sopesando las palabras. Envolver las palabras con los sentimientos de tu corazón. Procura ser honesto y veraz. De nada sirve hablar "de labios para fuera".

4. Vuelve a hablar con Jesús para entregarle tus heridas, tus amarguras, tus tristezas, la autocondenación, el remordimiento, la ira contra ti mismo, en fin, todo:

> Señor Jesús, vengo a entregarte en tus manos poderosas mis heridas, mis males, para que tú me cures, me alivies, me renueves. Tú afirmaste que viniste para curar los corazones heridos. Cura el mío, Jesús. Yo creo en tu poder salvador, liberador.
>
> Te entrego todo mi remordimiento por haber entrado por un camino de pecado, que tanto me perjudicó. Toma y cura, Jesús, mi remordimiento. ¡Quítalo todo, Señor! Te entrego todo el dolor, toda la tristeza, toda la amargura de mí mismo por haber hecho sufrir tanto a mi esposa. Cura Jesús, estas heridas. Quita este dolor. Limpia mi corazón de todo este sufrimiento tan cruel.

Te entrego, Señor Jesús, todo el terrible dolor y tristeza por haber herido a mis hijos. Por haberlos traumatizado, desilusionado, destruido. Qué dolor, Señor. También cura estas heridas. Quita este sufrimiento. Haz desaparecer, Jesús, toda la amargura de mí mismo. ¡Que tu poder se manifieste, Señor!

Te pido que, en tu bondad, me concedas el amor. Señor, que el amor venga a sustituir y eliminar mi sensación de culpa, de remordimiento, de vergüenza. Derrama, Jesús, mucho amor en mi corazón.

De esta manera entregas al Señor tus heridas y dolores, y le suplicas que las cure. Pídele que te conceda amor, paz, alegría, en fin, bendiciones opuestas a los sufrimientos de tu corazón.

5. Sigue tu oración, elogiando y agradeciendo al Señor por todos tus aspectos buenos, por las cosas buenas de tu vida, de tu familia, del trabajo, etc.:

Señor, quiero agradecerte por este momento de perdón, por todo el bien que me has hecho. En especial, te alabo y te agradezco por mi maravillosa esposa, por mis hijos perfectos y buenos. Ellos son un tesoro. Yo quiero recuperar y revalorar aquel tesoro.

Te agradezco y te alabo, Jesús, la gracia de mi conversión, mi regreso al hogar, el reencuentro con mi familia. ¡Qué gracia tan maravillosa!

Te agradezco y te alabo mucho, Señor, por la salud que tengo, por mi trabajo que me da el sustento para los míos. Gracias, Jesús, en fin, por este tesoro que es el perdón, el poder perdonarme. Muchas gracias, Señor, muchas gracias.

De esta manera has terminado las primeras curaciones en tus heridas. Has hecho tu primera terapia de autoperdón. Sabes que no basta una curación, una sola terapia. Recuerda que cuando tienes heridas en el cuerpo, te haces muchas curaciones; todos los días las renuevas con cuidado; persevera en el tratamiento hasta que quedes curado. Renueva las curaciones del autoperdón, cada día, por bastante tiempo, hasta que quedes curado. Te darás cuenta cuando estés curado, porque los dolores de la autocondenación, de la amargura, de la tristeza, del remordimiento, de la vergüenza, habrán desaparecido del todo.

3. Observaciones útiles

El secreto del éxito de tu curación está en la repetición perseverante del ejercico aquí enseñado, y en el esfuerzo por realizar el ejercicio siempre con profundidad, interioridad, empeñando tus sentimientos todos. Hablar por hablar no sirve de nada. Hay que asumir el proceso del autoperdón.

En los primeros días puede que no sientas efecto alguno, o inclusive que sientas algún malestar mayor. No te detengas. Así es: cuando se tocan las heridas, duelen. Pero tú las tocas para sanarlas. No te detengas.

Puedes hacer, con este ejercicio, un trabajo que abarque toda tu vida, desde pequeño, para curar todas aquellas pequeñas heridas que se produjeron en tu historia. Repasas tu vida, parte por parte, y te perdonas todos aquellos actos, palabras, gestos, actitudes que no fueron buenas. Por todo aquello que hubieras deseado que no hubiera sido así, sino de otro modo.

Antes de iniciar tu autocuración
con este ejercicio, relee el capítulo tercero.

Capítulo VII

Cura tus traumas y perturbaciones emocionales causadas por la muerte

La realidad más cierta e infalible en la vida del ser humano, una vez concebido, o nacido, es la muerte. A pesar de ser un paso tan indudable, que ha de ser dado por todos, no deja de ser doloroso, y hasta traumatizante, tanto para quien se va como para quienes se quedan.

Seguramente conoces y encuentras de continuo personas que sufren las consecuencias dolorosas, las perturbaciones emocionales, los traumas a causa de la muerte del esposo, la esposa, un hijo, el padre, la madre, un hermano, el novio, un amigo querido. O también por haber presenciado una muerte violenta, asesinato, ahogamiento, suicidio o accidente de alguien de la familia o conocido.

El acontecimiento de la muerte de un ser querido siempre deja rastros de sufrimiento. Muchos superan esta experiencia de dolor y de ausencia con alguna facilidad. Pero otros tienen mayor dificultad y lo logran más lentamente. Otros quedan profundamente marcados, perturbados, traumatizados.

Todos estos necesitan ayuda para superar esa fase de sufrimiento. Pero principalmente estos últimos, que solos no logran superar el problema y viven aprisionados por tanto dolor e inconformidad.

Hay personas marcadas por el dolor de la muerte de un ser querido, que cometen un grave error de consecuencias desastrosas. Son aquellas que están convencidas de que llorar, sufrir, lamentarse, quedarse en la tristeza por meses o años son signos de amor y bienquerencia. No se dan cuenta de que querer mantener abiertas y vivas sus heridas es un grave perjuicio para su salud física, para su bienestar emocional, para su vida espiritual y social. No se dan cuenta de que este sufrimiento en nada favorece al ser querido que falleció. Tal actitud sólo trae perjuicios.

Estas personas necesitan recibir una mejor ilustración y que se les cuestione en su modo de pensar y de vivir. Necesitan ayuda especial para curar sus llagas.

Los acontecimientos ligados a la muerte de un ser querido siempre dejan rastros de dolor, dejan heridas. Estas heridas o perturbaciones, o traumas, no son buenos. No hacen bien cuando perduran. Son una presencia dolorosa y negativa. Por eso, es necesario encarar la realidad tal como sucedió, y procurar solucionar el problema curando las heridas, superando las conmociones, eliminando los traumas.

Te presento una terapia espiritual para que puedas curarte o ayudar a otros a curarse de los sufrimientos provenientes de la muerte de un ser querido.

1. Ejercicio práctico
terapia espiritual

Puedes realizar este ejercicio de curación, bien sea en tu casa, en la sala, en la oficina, en un templo, echado en tu cama, en el césped del jardín o en otro lugar de tu preferencia.

Si lo realizas en algún lugar solitario es provechoso que hables con voz audible.

Te indico los pasos de la guía y luego los explico detalladamente para que puedas realizarlo con sabiduría y seguridad.

Guía

1. Invoca la presencia de Jesús, adóralo, elógialo, agradécele los favores recibidos.
2. Presenta a Jesús tus sufrimientos por la muerte de la persona querida.
3. Si existen culpables de la muerte de tu ser querido, perdónalos de corazón.
4. Entrega a la persona fallecida en manos de Dios.
5. Pide a Jesús la curación de tu trauma, conmoción o heridas emocionales.
6. Ora al Señor por el ser fallecido, por su glorificación.

Explicitación de la guía

1. Al comenzar, crea un ambiente calmado, de silencio interior; una atmósfera de fe y de presencia de Dios. Invoca la presencia de Jesús resucitado, vencedor de la muerte. Visualízalo. Adóralo, alábalo, agradécele los favores y bienes recibidos. Haz un encuentro lo más vivo posible con Jesús. A tu modo ora al Señor. Te presento esta introducción, solamente como sugerencia:

> Señor Jesús, Dios vivo y presente, elevo a ti mi corazón, mi pensamiento, mi ser. ¡Ven, Señor! Necesito de tu presencia, necesito de tu auxilio, necesito de tu curación. Jesús, te reconozco y quiero como mi Dios. Es maravilloso poder estar en tu presencia, y conversando con mi Dios. Sólo un Dios-amor está disponible en cada momento para atender a quienes creen en El.

> Te agradezco la fe que me anima. Sin ella no tendría a mi Dios, y sería como un ciego. Con ella veo a mi Dios, y con El convivo, puedo conversar, y tener acceso a El cuantas veces quiera.

> Te alabo mucho por tu voluntad de quedarte con nosotros, de estar conmigo, de aceptarme como soy, de ayudarme a crecer. ¡Gracias, Señor!

Que tu oración inicial esté cargada de fe, de confianza, y sea portadora de todo tu modo de ser y convivir con Dios.

2. Sin interrumpir la oración inicial de la cual acabo de presentarte un ejemplo, presentas al Señor tus dolores y heridas por la muerte del ser amigo.

Habla con espontaneidad y verdad. Desahógate si lo ves conveniente. Como sugerencia solamente, va este ejemplo:

Señor, tú me conoces y sabes lo que está pasando en mi corazón. Conoces todo el dolor que me acompaña desde la muerte inesperada de mi madre. Sabes cómo nos amábamos, cuánta falta hace ella. Señor Jesús, el vacío dejado por ella es enorme. Más todavía a causa de las circunstancias de su muerte. Te entrego, Señor, todo mi dolor, mi tristeza, el vacío que me envuelve, la falta que me hace. Te entrego, Jesús, todas las lágrimas derramadas, lo mismo que todo el dolor que todavía pueda venir. Sé que comprendes mi dolor, mi malestar, pues tú pasaste por momentos muy dolorosos en tu vida. Acoge, Jesús, mi entrega, mi ofrecimiento, mi dolor. Que tu poder venga a curar bien pronto estas llagas tan dolorosas.

3. Si hay culpables por la muerte del ser querido, y si sientes alguna forma de acusación, o de amargura, o venganza contra los implicados, es necesario e importante para tu curación, que los perdones enteramente. Recuerda que perdonar no es desconocer la culpa o decir que no la tuvieron. Perdonar es reconocer que hubo culpa y dar el perdón. Si no hay culpables en la muerte, omites este paso tres y pasas directamente del paso dos al cuatro. Como ejemplo aquí presento unos pasos de perdón.

Traes con tu imaginación a la persona culpable, la visualizas lo mejor posible. Si es conocida, di el nombre para perdonarla. Si es totalmente desconocida, utiliza el lenguaje generalizado. Por ejemplo:

"Tú, el que atropellaste y mataste a mi mamá, cualquiera que seas, yo te perdono... etc.".

Dr. Fernando, yo lo perdono por su error en el tratamiento de mamá. Le perdono de todo corazón todo el sufrimiento que afecta a mi familia por la muerte prematura de mamá. Es difícil perdonarlo, pero yo lo perdono, quiero perdonarlo de corazón.

De manera semejante continúa perdonando detalladamente al culpable y a otros que estén implicados. A veces la curación de traumas de muerte, o de las conmociones depende mucho del perdón a los culpables.

4. Vuelve a conversar con Dios, ahora preferentemente con Dios Padre, para entregarle la persona fallecida. Este gesto es de suma importancia para la curación, pues tu corazón no quiere perder, sino tener junto a sí a la persona amada. Tu corazón desearía traerla de nuevo, pero como no puede traerla, se queda en una espera que hace sufrir y no deja que cicatricen las heridas. Conversando con Dios Padre, realizas la entrega del ser querido. Puedes hablar así:

> Dios Padre, creador nuestro, nuestro buen Dios, que nos creaste para la vida eterna, para vivir contigo aquí y después de la muerte allá contigo para siempre. Me presento delante de ti para entregarte a mi madre, que ya partió hacia la eternidad. Sí, Padre, te entrego a mi madre. La pongo en tus brazos de Padre. Ella es tu hija, y ahora debe vivir contigo en el cielo. Cuida de ella, dale el pleno gozo de tu presencia para siempre. Padre santo, mi corazón quisiera tenerla aquí por

muchos años. Pero como ella es tuya, te la entrego para siempre, para que esté contigo, preparando mi lugar, nuestro lugar, en la morada del cielo. Padre celestial, gracias por la madre que me diste. Gracias por los 53 años que estuvo con nosotros sirviéndonos. Gracias porque junto a ti ella es mucho más feliz. Yo te la entrego. Es tuya. Cuida muy bien de ella, para siempre.

Que tu entrega sea un verdadero gesto de donación, de liberación.

Comprende que el acto de entregar el ser querido no significa olvidarlo, abandonarlo, no amarlo más. Por el contrario, cuando haces la entrega, una entrega profunda, desprendida, pasarás a recordarla todavía más, pero ya sin sufrimiento ni dolor. Te amará más que antes, con un amor liberado, alegre, lleno de fe y de esperanza en el gran reencuentro de la eternidad.

5. Después de la entrega, pide a Jesús resucitado que penetre con su poder en tu ser íntimo para curar tus heridas. Este es el momento decisivo de este ejercicio. Jesús tiene todo el poder de curar. Y tiene preferencia por la curación de los corazones heridos. Despierta tu fe, y aviva tu confianza. Verás la gloria de Dios y sentirás su amor poderoso. Puedes orar así, o mejor todavía, con tus propias palabras e ideas:

Señor Jesús, salvador mío. Mira las heridas de mi ser íntimo, heridas abiertas por la muerte de mi madre. Penetra en mí con tu poder para curarme. Señor, impón sobre mí tus manos poderosas, envuélveme con tu poder divino y cúrame. Toca el trauma de la muerte de mi madre y cúralo, Jesús. Quita todo el dolor, toda la tristeza, todo dolor de la añoranza, todo el vacío que me dejó. Señor, tú curaste a tantos enfermos y sigues curando todavía ahora. ¡Cúrame, Señor! Tu fuerza divina me penetre totalmente, y yo quedaré curado. Basta que digas una sola palabra y quedaré curado. Creo en esta gracia. Sé que la estoy recibiendo. Confío en tu amor. Creo que muy pronto desaparecerá toda herida y quedaré curado. ¡Gracias, Señor! ¡Muchas gracias! ¡Eres bueno y poderoso, eres maravilloso! Gracias, Jesús.

Haz tu oración con toda confianza. No necesitas sentir nada de momento. Si sientes alivio, paz, alguna alegría, mayor libertad, ¡magnífico! Pero si no sientes nada, no hay problema. Después, bien pronto, lo sentirás.

6. Termina orando a Jesús por la glorificación del ser querido fallecido. Es bueno que ores espontáneamente. La oración que sigue puede inspirar la tuya:

Señor Jesús, te pido la felicidad total para mi mamá. Sé que puedo y debo pedirte. Tú viniste al mundo, predicaste la buena nueva, moriste en la cruz, resucitaste, nos dejaste toda la riqueza de la Iglesia para nuestra redención y salvación. Jesús, por tu sangre preciosa, redime a mi madre. Perdónala totalmente y llévala a la presencia del Padre celestial. Por tu Muerte y Resurrección, oh Jesús, que mi mamá pase a la gloria celestial. Llévala, Jesús, al cielo, a la presencia de María, de los ángeles y santos, para que ella viva eternamente aquella felicidad para la cual fue creada, y que tú le mereciste con tu Muerte y Resurrección. Gracias, Jesús, por el cielo de mamá. Gracias por la felicidad de que ella disfruta. Gracias, porque junto al Padre ella intercede por nosotros, nos protege, nos bendice y nos espera. ¡Gracias, Señor!

De acuerdo con los impulsos de amor de tu corazón, ora con todo fervor por la salvación y glorificación de la persona que partió. De esta manera has terminado tu ejercicio para la autocuración de traumas y conmociones por muerte.

2. Observaciones importantes

— Las heridas no quedan curadas con una sola curación. Es preciso que vuelvas a realizar este ejercicio algunas veces más. ¿Cuántas? Hasta que te sientas libre, liberado. Quedarás curado más pronto de lo que te imaginas.

— Si tienes pocos conocimientos sobre la verdad enseñada por Jesús respecto a la muerte, a la vida eterna, al cielo, a la vida después de la muerte, será muy bueno que recurras a los textos de la Biblia donde Dios habla de esas realidades, para que te instruyas. La claridad sobre la vida eterna es luz radiante que te muestra a quienes ya han muerto como habitantes del cielo.

— Si tienes dificultad para realizar solo este ejercicio, pide ayuda a un amigo que esté en condiciones de estudiar esta guía y realizarla contigo.

— Si tienes algún remordimiento, autopunición, resentimiento contigo mismo por no haber amado, o por haber ofendido, creado problemas, causado muchos sufrimientos a la persona fallecida, debes realizar también el ejercicio del capítulo quinto para pedir perdón a la persona fallecida, y el ejercicio del capítulo sexto para perdonarte a ti mismo. Sería difícil curar las heridas provocadas por la muerte si no curas las llagas de autocondenación o del resentimiento para contigo mismo.

— En caso de que la persona fallecida te hubiera ofendido mucho, y sientes que estas huellas dolorosas todavía perduran, has el ejercicio del capítulo cuarto para perdonar al fallecido y curar tus propias heridas producidas por él.

Si necesitas de este ejercicio,
antes de realizarlo relee el capítulo tercero.

Capítulo VIII

Cura todos los rechazos

Ningún ser humano pasa por este planeta sin experimentar en su vida algún rechazo. Es propio del corazón del hombre, marcado por la flaqueza humana, con las cicatrices del pecado original, el sentir disgusto, desagrado, o aborrecimiento, o tener antipatía, o conservar distancia en relación con ciertas personas, acontecimientos del pasado, determinados lugares, tipos de trabajo, enfermedades, sufrimientos, o la muerte.

— Marta siente enorme dificultad para vivir en el apartamento. En su ser íntimo rechaza el apartamento y quiere vivir en una residencia de un sólo piso. Sufre rechazo hacia los apartamentos.

— Cecilia le tiene horror a la bebida. Porque su esposo bebe un poco, ella se pone fuera de sí cuando alguien le ofrece bebida. Rechaza todo licor y a los que beben.

— Julio tiene un fuerte rechazo del hecho de haber perdido a su padre muy temprano. En su intimidad no acepta el no haber gozado de la presencia de su padre.

— Francisca tiene un fuerte rechazo del hecho de haber nacido en una familia muy pobre.

— Afranio no logra aceptar que su madre lo haya internado desde pequeño en un orfanato.

— Lourdes rechaza, no logra aceptar el hecho de haber sido criada en la casa de los abuelos y no en la de sus padres. El rechazo le causa rebeldía.

— Zazá no se conforma, su corazón no acepta el que su esposo tenga un hijo con otra mujer.

— Euclides vive irritado por la separación de sus padres. Su corazón no admite el hecho de la separación.

— Celio sufre y rechaza el hecho de ser estéril, de no poder engendrar hijos.

— Jair rechaza fuertemente el hecho de que su padre haya huido de casa y abandonado a su madre con tres hijos menores.

— Tania no acepta haber sido reprobada varias veces en el examen de ingreso.

— Lucía no logra admitir y aceptar la extracción de un seno, a causa del nódulo cancerígeno.

— Augusta tiene alergia a la vecina por los constantes gritos, amenazas y palabrotas contra los hijos.

— Jordán detesta el nuevo lugar de trabajo porque hay un barullo ensordecedor.

— Uno rechaza la casa donde vive. Otro, un defecto físico de nacimiento. El otro rechaza su propio sexo. Otro no está contento con el color de su piel o de su cabello. Otro siente rechazo por la muerte repentina de un ser querido. Otro por el asesinato de un miembro de su familia. Uno más, rechaza su físico, porque es gordo; otro por ser flaco; otro por ser bajito. Otro rechaza una fase de su pasado. Uno más, ciertos errores cometidos. Otro los malos negocios realizados. Otros rechazan su propia vida.

Sería interminable la lista de los posibles rechazos que pueden suceder. Los indicados son apenas una forma de ilustrar tu mente y sugerir los otros mil rechazos posibles. Tengo la certeza de que los ejemplos dados te ilustrarán sobre lo que es y cómo se siente el rechazo de algo.

1. Los rechazos y su consecuencias

Rechazo, es, pues, una fuerza contraria, un impulso que viene de dentro de ti mismo, del fondo de tu ser, que manifiesta no gustar, no aceptar, no ver con buenos ojos, no acoger bien, o inclusive manifiesta rechazar, alejar, detestar a una persona, acontecimiento, enfermedad o error cometido, a un ambiente, o a un determinado trabajo.

El impulso o fuerza del rechazo puede ser débil y pasajero; o ser más o menos fuerte; puede ser inclusive muy intenso y dominante.

Todo rechazo nace en la intimidad de la persona. Casi siempre los rechazos son espontáneos, surgen naturalmente. Algunas veces son asumidos por la persona que los cultiva y no quiere superarlos. Hay rechazos que son provocados y cultivados conscientemente.

En realidad todo rechazo deja consecuencias negativas o causa problemas a las personas. Consecuencias y problemas de diferentes clases. Por eso, se deben eliminar todos los rechazos a medida que surjan.

En algunas personas los rechazos causan problemas psicológicos o emocionales; desgaste nervioso, tensiones nerviosas, agresividad, violencia interior, estado de tristeza, desánimo, depresiones, fugas psicológicas diversas, encerramiento sobre sí mismo, desamor habitual, tensiones en las relaciones.

En otros, los rechazos producen problemas de salud: dolores de estómago, hígado, o intestino; dolores de cabeza, dolores lumbares, malestar; presión alta; problemas de circulación, de corazón, etc.

También en otros pueden causar problemas de orden comunitario o social: espíritu de crítica u oposición; rebeldía y desobediencia habitual; agresividad manifiesta con las personas, las cosas, los ambientes. Desamor habitual manifestado en actitudes.

Las consecuencias o los problemas provenientes de los rechazos son mayores o menores según la profundidad, gravedad y duración de los rechazos.

2. Elimina tus rechazos

Mi objetivo es "presentar soluciones" a los problemas surgidos. Te presento, pues, un ejercicio o proceso, o terapia que debe ser realizada por ti a fin de eliminar tus posibles rechazos actuales o cuando aparezcan.

Realiza la terapia en un lugar calmado y apropiado, o donde quieras y te parezca bien. Puede ser en tu pieza, sentado o recostado; en la oficina, en la iglesia, en el jardín, en la arena de la playa, en el bus o echado en la hamaca.

Si estás solo, es provechoso que hables audiblemente, con voz calmada y firme.

Te presento la guía práctica y luego te explico cada paso con detalles. Así será fácil comprenderla y realizarla.

Guía

1. Invoca la presencia de Jesús. Adóralo, alábalo, agradécele.
2. Cuenta a Jesús tu problema de rechazo. Desahógate.
3. Conversando con Jesús, dile que aceptas —que quieres aceptar— la realidad que rechaza tu ser íntimo.
4. Habla contigo mismo —di tu nombre— y reafírmate que aceptas y asumes la realidad rechazada.
5. Entrega el problema a Jesús y pídele que elimine tu rechazo.
6. Alaba y agradece a Jesús por la realidad nueva aceptada y asumida en el ejercicio realizado.

Explicitación de la guía

1. Al comenzar crea un buen ambiente interior, de oración y presencia de Dios. Invocas la presencia de Jesús vivo. Puedes visualizarlo delante de ti o a tu lado. Conversa con El, espontáneamente. Haz un momento de adoración, de alabanza, de acción de gracias. Para inspirar tu oración te presento esta:

Señor Jesús, tu fuiste llamado 'Emmanuel', nombre que significa "Dios está con nosotros". Eres Dios presente en todos los lugares, también aquí. ¡Ven, Emmanuel! Ven, Señor Jesús, necesito de tu presencia. Es maravilloso saber que Dios está aquí conmigo, en persona. Este hecho me habla de que mi Dios es un Dios de amor, que gusta de estar con los hombres, sus hijos.

Jesús, te adoro, te reconozco, te acepto y quiero como mi Dios. ¡Dios único! Que, con el Padre y el Espíritu Santo, formas la Trinidad Santa. Tú eres Dios, y yo criatura humana. Dios y criatura, juntos, como amigos, como hermanos, unidos en el amor.

Quiero alabarte, Señor, por tu bondad, simplicidad, amistad, amor. ¡Nadie como tú!

Quiero agradecerte esta amistad que nos une, que me hace tanto bien, que me es necesaria. Te agradezco por todas las miles de veces que ya nos hemos encontrado por la amistad, en la oración. También te agradezco porque en estos días, cuando he necesitado de ti, me has socorrido de inmediato. Tu ayuda vino a tiempo. ¡Gracias, Jesús!

Tu oración de introducción sea concentrada, íntima, llena de amor, fe, confianza. Cuanto más real, existencial y confiada, tanto mejor.

2. Sigue conversando con Jesús, y le hablas de tu problema de rechazo. Cuéntale lo que sientes, cuáles son las consecuencias. Como desahogándote con un amigo querido. Para ayudar a tu creatividad, te presento este ejemplo:

> Señor, lo que me trae a tu presencia es el problema que surgió con mi cirugía. Sabes que tuve que hacerme extirpar el útero y los ovarios. Era necesario. Sé que estoy curada de un cáncer inicial. Pero, Señor, mi ser íntimo está rebelde, mi corazón no quiere aceptar los hechos. Es tan duro saber que no puedo tener hijos. Hijos de mi amor y de mi sangre. Por más que lo intento, en el fondo queda un gran rechazo a aquel acontecimiento. Sé que es un hecho cumplido... que era necesaria esa cirugía... que por lo menos estoy libre del cáncer... que este rechazo sólo me perjudica a mí. Pero es tan difícil. Señor, como he aprendido este ejercicio para curar los rechazos, vengo a tu presencia a realizarlo. Sé que con tu gracia y mi esfuerzo voy a vencer. Necesito vencer. Necesito recuperar la alegría de la vida. ¡Ayúdame, Señor! ¡Gracias, desde ahora!

3. En el tercer momento pasa a decir al Señor Jesús, que aceptas, quieres aceptar en tu ser más íntimo y profundo la realidad que está siendo rechazada. Quizás preguntes: ¿No es mentira o falsedad el decir a Jesús que yo ahora acepto precisamente aquello que mi ser interior rechaza, y no quiere, no acepta?

81

No. No hay falsedad ni mentira. No hay tal, porque has comprendido que el aceptar es bueno, es mejor, te hace bien; y con tu voluntad ya tomaste la decisión de aceptar. En este caso, tú (inteligencia y voluntad) te sobrepones y superas aquello que tus emociones y sentimientos rechazan. Por ejemplo: detestas una inyección muy dolorosa. Tu íntimo emocional la rechaza. Pero sabes que necesitas de la inyección, es necesaria para tu salud y vas a recibirla. ¿Ha habido falsedad? No. Hubo autenticidad y verdad. Es útil que te detengas a pensar en este detalle.

Realizas el tercer paso a tu modo o de esta manera:

> Jesús: decididamente acepto, quiero aceptar en lo más íntimo de mi ser, el que haya tenido cáncer en los órganos genitales. ¡Lo acepto! Acepto que mi organismo haya tenido esta tendencia, a pesar de ser tan joven, y sin hijos. Acepto de corazón. Señor, acepto, asumo y abrazo el hecho de haber sido mutilada, de haber sufrido la extracción de una parte tan importante de mi ser de mujer. ¡Lo acepto! Quiero aceptar, acepto y asumo la realidad de no poder tener hijos en mi matrimonio.
>
> Señor, acepto, quiero interiorizar en mi ser más profundo, y asumo la realidad de ser una mujer mutilada para siempre. ¡Lo acepto, Señor!

De esta manera verbalizas la aceptación de todo el problema, con todas las repercusiones, con todos los detalles. Usa bastante los términos: acepto, asumo, quiero aceptar, acojo, interiorizo. La repetición favorece la internalización para eliminar el rechazo.

4. Después de haber afirmado a Jesús tu decisión de aceptar aquella realidad rechazada, conversas contigo mismo, dices tu nombre, reafirmas la decisión de aceptar y asumir los hechos. Todo cuanto has afirmado a Jesús, dilo de nuevo a ti mismo. Habla lentamente, casi deletreando. Habla hacia dentro de tu ser. Habla de ti, para ti mismo. Como ayuda te doy este ejemplo:

Yo, Magali, acepto, me he decidido a aceptar y asumir en lo más profundo de mi corazón el haber tenido cáncer del útero y ovarios. ¡Lo acepto! !Lo asumo! ¡Es mi realidad!

Yo, Magali, acepto plenamente que mi cuerpo haya tenido tendencia precoz al cáncer. Acepto y asumo esta realidad. ¡Es mi historia, y yo la acepto!

Yo, Magali, acepto, asumo y quiero el hecho de haberme sometido a la cirugía y que se me hayan extraído los órganos internos. Lo acepto. ¡Era necesario! ¡No había más remedio!

Yo, Magali, acepto, acojo, quiero en lo más íntimo de mi corazón ser una mujer mutilada. ¡Lo acepto! ¡Es mi realidad y yo la acojo!

Yo, Magali, acepto, acojo, asumo la realidd de nunca poder tener hijos míos de mi amor. Yo lo acepto. Así soy, y lo acojo.

Yo acepto toda esta nueva realidad de mi vida, para el futuro. ¡Es mi vida, y yo la acepto! ¡Es mi realidad, yo la acojo!

De manera semejante, te afirmas a ti mismo la aceptación de todo aquello que tu ser íntimo rechaza.

5. Vuelve a hablar con Jesús, para entregarle el contenido de rechazo y pedirle que intervenga para eliminarlo. Podría ser así, pero hazlo a tu modo:

Señor Jesús, te entrego todo el rechazo presente en mi ser. Te entrego la realidad de haber sido afectada de cáncer, con todo el miedo, y las incertidumbres que pasé. Te entrego, Jesús, el drama de la cirugía, el hecho de haber sido mutilada, el sufrimiento de no sentirme capaz de concebir. Te entrego, Señor, todo el rechazo que siento a todas estas realidades. También te entrego la dura realidad de no poder tener hijos, mis hijos. Te entrego, Señor, toda esta angustia, tristeza, todo mi sufrimiento. Todo es tuyo. Te pido que penetres con tu poder en lo más profundo de mi ser para curarme. Cura, Jesús, todo el rechazo. Elimina todo el sufrimiento. Pacifica mi corazón. Aparta toda tristeza. Cura, Jesús, todo mi ser interior, pues la vida continúa y es preciso vivirla para Dios, para mi esposo y para mis hermanos.

Inunda de aceptación, de paz, de tranquilidad mi corazón, mi mente, mi espíritu. ¡Que tu alegría vuelva a mi corazón, Señor! ¡Gracias, Jesús mío! ¡Muchas gracias!

6. Para terminar, alaba y agradece a Jesús por el aspecto bueno de tu vida, sobre todo por la realidad aceptada, con los valores que tiene. Por ejemplo así:

Señor, si necesitaba pedirte, mucho más necesito agradecerte. Te agradezco este momento de encuentro y bendición que estoy viviendo. Siento que mi fe se ha avivado, mi amor ha crecido, tú estás más vivo para mí. Te siento tan amigo mío. Te agradezco y alabo , Jesús, pues te pedí que la cirugía fuera exitosa, y así fue. Por ella me libré del cáncer. ¡Muchas gracias, Señor! Gracias por todo el apoyo que he recibido de mi esposo, de mis padres y hermanos, de tantos amigos. Quiero alabarte, Jesús, por todo el cuidado del cirujano y de las enfermeras. ¡Fui tan bien atendida!

Te alabo y agradezco, Jesús, por mi cuerpo, ahora sano. Si me fue extraída una parte, todo lo demás está muy bien, con tanta salud. Te agradezco y alabo, Señor, porque, si no tengo hijos míos, puedo amar a muchos otros. Voy a amarlos de verdad.

Gracias, Jesús, porque la vida continúa, y yo puedo ser útil, hacer el bien, colaborar con muchas personas que sufren más que yo. ¡Gracias, Señor! ¡Muchas gracias!

Has terminado la terapia. Es la primera. Deberás volver a realizarla, del mismo modo, muchas, varias veces, hasta quedar libre del rechazo y de sus consecuencias.

3. Observaciones necesarias

— Es preciso repetir este ejercicio varias veces. Siempre con seriedad, profundidad, esfuerzo y concentración.

— Si quieres eliminar varios rechazos, debes hacer el ejercicio completo para cada uno. Uno después de otro.

— Vale la pena y es provechoso trabajar por eliminar todos los rechazos, inclusive los más pequeños.

— Si tienes dificultad para realizar el ejercicio hablando espontáneamente, puedes escribirlo todo, bien escrito. Después, léelo en oración. No como se lee un artículo de revista, sino hablándolo de corazón, como si hablaras espontáneamente.

Antes de iniciar tus ejercicios
con este método o terapia,
relee el capítulo tercero.

Capítulo IX

Oración para
la autosanación interior

Los cinco ejercicios o terapias anteriores están destinados a cinco clases de problemas psicoemocionales diferentes. En cambio éste es un ejercicio u oración especial que se puede usar para cualquiera de los problemas psicológicos o emocionales.

No es mi deseo que éste reemplace a los demás. Cuando tienes un problema y conoces un ejercicio o terapia especial para solucionarlo, usa la terapia apropiada. Por ejemplo, si tienes un problema de rechazo, utiliza la terapia propia que está en el capítulo octavo. Si es de autocondenación, disgusto de ti mismo, utiliza el ejercicio del capítulo sexto.

La terapia-oración de este capítulo puedes utilizarla para todos los demás problemas para los cuales no haya una especial.

1. Son múltiples
los problemas psicomentales

Son muchísimas las posibilidades de que el ser humano sea afectado o herido por alguno o varios problemas psicológicos o emocionales. Desde su concepción hasta la muerte, la trayectoria de la vida es siempre más o menos larga, y en ella pueden ocurrir tropiezos, heridas.

En determinado momento de tu vida sientes que algo no anda bien, algo no está bien en tu ser íntimo. Miras hacia atrás y llegas a la conclusión de que la causa está en el pasado distante o cercano. Algo sucedió que dejó heridas o huellas en ti.

Quizás descubres que hubo rechazos de vida por parte de tus padres, o rechazo de sexo, o amenaza de aborto, o tu madre sufrió mucho durante la gestación o hubo problemas en el parto.

Sientes que tus problemas tienen raíz en los problemas vividos en la familia: desamor o violencia en casa; falta de amor y cariño; muerte prematura del padre o de la madre; violencia entre hermanos; trabajo forzado; pobreza, hambre, enfermedades en la familia.

Quizás descubras que tu problema actual tiene sus raíces en errores cometidos en la adolescencia o juventud: vicios, bebida, droga, violencia física, accidentes, experiencias sexuales indebidas, viciosas.

Finalmente, hay tantas posibilidades de explicación de tus problemas actuales. Lo importante es descubrir los problemas y sus raíces. Después, aplicarse a resolverlos. Es preciso curar en cuanto sea posible todas las heridas del pasado.

Además, para que tengas una mejor visión de las posibles causas de tus problemas será útil releer el capítulo segundo. Dale una ojeadita.

2. Jesús tiene poder para curar

Cuando Jesús comenzó su misión de predicador e instaurador del reino de Dios, hizo unas afirmaciones para definir parte de su objetivo entre los hombres. Dijo: "El Espíritu del Señor está sobre mí, porque me ha ungido. Me ha enviado para anunciar a los pobres la buena noticia de la salvación; curar a quienes tienen heridos los corazones; dar libertad a los cautivos..." (Lc 4, 14. 22).

Sabes de las maravillas que hizo Jesús. No es necesario recordarlas. El cumplió su misión como había dicho. Además, la misión de Jesús continúa y El, vivo, resucitado en medio del pueblo creyente, sigue realizando toda clase de maravillas. Hoy El cura los corazones heridos, maltratados; libera a los aprisionados por toda clase de esclavitudes; cura enfermedades, transforma personas, familias, sociedades. Jesús, por el poder de su Espíritu, continuará su misión en el mundo hasta el final de los tiempos.

Jesús está vivo. Camina con nosotros y nos ama como siempre nos ha amado. Es nuestro redentor y salvador, maestro y pastor. Porque es glorioso también en su cuerpo, está presente en todas partes. Y donde haya uno o varios que creen de verdad, allí se manifiesta el Señor con toda clase de obras de amor y de poder. Jesús tiene un compromiso muy serio con su Padre: rescatar, liberar, salvar al mayor número posible.

Firmes en la verdad de que Jesús está vivo, está con nosotros, tiene compromisos con nosotros, nos ama, tiene poder y quiere curarnos, liberarnos, salvarnos y llenarnos de su Espíritu, encontramos en la oración, en la súplica al Señor, en un ruego lleno de fe y confianza, un poderoso recurso y un medio para nuestra curación psicológica, emocional, espiritual, social, física.

"Pidan y recibirán", dijo Jesús. "El que pide, recibe". "No han recibido, porque no han pedido". Son todas recomendaciones del Divino Maestro.

Con fe viva en el Señor resucitado, apoyados en su poder amoroso, en su enseñanza de que pidamos, podemos y debemos solicitarle nuestra curación. Sobre estos fundamentos y otras palabras de Jesús está edificada la "oración para la sanación interior", cuya guía expongo a continuación.

3. Guía de la oración de autosanación

El lugar para realizar esta oración de autosanación puede ser: una capilla o templo, tu pieza, recostado en tu cama, de rodillas en tu pieza, en la sala, en la oficina, en el bus, sentado a la sombra de un árbol, u otro lugar que escojas.

Si estás a solas, habla en voz audible.

Presento los pasos sucesivos de la oración, y después la explico detalladamente. Verás que hay mucho en común con algunos otros ejercicios.

Guía

1. Invoca la presencia de Jesús: adóralo, alábalo, agradécele.
2. Conversando con Jesús, preséntale y entrégale tu problema con los detalles y las consecuencias.
3. Hablando con el Señor, haz la aceptación de tu realidad, o mejor, de tu problema.
4. Si existen causantes o culpables de tu problema, perdónalos, uno por uno.
5. Pide a Jesús que intervenga y resuelva tu problema.
6. Pide al Espíritu Santo que te conceda sus frutos: amor, paz, alegría, fe, bondad, paciencia y otros.
7. Agradece anticipadamente la gracia recibida.

Explicitación de la guía

1. Al comenzar, crea un clima de concentración, de interioridad, de fe y oración, en presencia de Jesús. Invoca la presencia de Jesús, visualízalo, adóralo como tu Dios, alábalo y agradécele beneficios y gracias ya recibidas. Habla con Jesús con toda naturalidad y amistad. Haz esta introducción a tu modo. Por ejemplo:

> Jesús, tengo la seguridad de que eres mi amigo, y mi Dios y por eso me oyes, me ves, me acoges. Vengo a tu presencia divina y te pido que te acerques a mí. Jesús, te adoro y te reconozco como mi Dios todopoderoso, como mi salvador y maestro.

Es maravilloso poder estar conversando con Dios, que es mi amigo, que me ama tanto. Gracias, porque me oyes, estás conmigo, me acoges, me amas y aceptas mi problema. En ti, Señor, adoro al Padre y al Espíritu Santo. Tres personas, unidas en el amor, formando un solo Dios. ¡Qué maravilla! Te agradezco la bendición de mi fe, de mi amor, de mi confianza en ti. ¡Gracias, Señor!

2. Prosigue tu conversación presentando tu problema con detalles y consecuencias. Entrégalo en sus manos poderosas. Esta entrega es un aspecto importante porque tu ser íntimo a veces no quiere desprenderse de él, no quiere deshacerse de aquella situación o problema. Por ejemplo: no quiere curar su vicio: bebida, gula, tabaquismo, sensualidad, etc. Tus pasiones no querrían desprenderse del placer, no desean la curación. Pero tú la quieres. Por eso te vales de tu decisión y haces la entrega. Reflexiona sobre esto unos instantes. Es importante comprender este mecanismo interior. Puedes orar así o a tu modo bien personal y creativo:

Jesús, lo que me trae a tu presencia es una gran esperanza que ha nacido en mí al oír una conferencia sobre la "oración de sanación psicológica". Siento que hay solución para el problema que me tortura hace un tiempo. Señor, a los dieciséis años fui convencido por unos compañeros mayores a tener una experiencia de relación sexual con una prostituta. Nunca había tenido relación de ninguna clase. Aquella experiencia de pecado me dejó profundamente marcado.

A partir de entonces siento una verdadera y constante violencia interior que me seduce a otras relaciones y actividades sexuales. Por un tiempo todo me gustó. Me lancé. Pero después caí en la cuenta, sobre todo después de aquel encuentro contigo, y percibo todo el perjuicio para mi vida. Estoy para iniciar el noviazgo, pero no quiero llevar toda esta depravación mental, emocional a mi matrimonio. Como tú, Señor, eres mi salvador, vengo a pedirte la curación psicoemocional. Sé que fui y soy culpable. Que no merezco pedir nada. Pero confío en tu misericordia, bondad y amor.

Jesús, te entrego toda esta realidd de vicio y pecado. Te entrego, paso a tus manos poderosas, toda experiencia sexual realizada con aquella mujer y con todas las demás. Te entrego todo vicio y pasión sexual que han crecido en mí. Te entrego, mi Salvador, la corrupción y el erotismo de mi imaginación, de mi memoria, de mi voluntad. Te entrego todo erotismo emocional y físico. Te entrego toda aquella fuerza de pasión que constantemente me quiere llevar a nuevas relaciones. Todo te lo entrego. Toma, Señor, todo, y quémalo con tu poder.

Realiza la entrega con decisión de voluntad, aunque algo dentro de ti se oponga o no quiera. Esta decisión de entregar rompiendo barreras y oposiciones es importante. A veces necesitas ser valiente y violento para conseguirlo.

3. Continúa conversando con Jesús para afirmarle la aceptación de tu realidad o problema. Recuerda que "aceptar" no significa querer continuar en el problema, quedarte pasivo, con los brazos cruzados. "Aceptar" significa "reconocer y admitir" que existe el problema, que esta realidad acontece contigo, que

"admites y reconoces" que en el momento actual aquella situación existe. La aceptas ahora pero buscas soluciones decididamente. Busca hasta encontrar las soluciones y resolver el problema.

Mientras no aceptes, admitas y reconozcas, estás rechazando el problema. Cuando rechazas, se hace más difícil acudir a su solución. Es importante comprender la necesidad de la aceptación. Puedes hablarla a tu modo. Te presento este ejemplo:

> Señor, yo acepto y asumo toda esta dolorosa realidad de mi vida sexual. Acepto, Señor, y me perdono por haberme dejado convencer por los compañeros. Acepto haber sido débil. Acepto, Señor, que me haya dejado corromper. Acepto que, a causa de toda aquella primera experiencia, yo me haya erotizado, corrompido, perjudicado tanto. Acepto que yo mismo, por mi pecado, me haya perjudicado tanto, tanto. Me perdono tanta maldad y debilidad. Acepto también que muchas veces, llevado por aquellas pasiones violentas, haya buscado otras relaciones depravadas. Acepto y me perdono. Acepto, acojo y asumo el tener hoy mi psiquismo tan erotizado y marcado por experiencias tan negativas. Acepto toda la erotización de mi imaginación, mi memoria, mi voluntad, de mis emociones y de mi cuerpo. Acepto, asumo, soy responsable. Arrepentido, me perdono, Señor, y haré todo lo posible para librarme, lavarme, curarme.

Al verbalizar la aceptación y el autoperdón, hazlo con decisión, pero también pensando y queriendo ya la solución de tu problema, cualquiera que sea.

4. Continúa el ejercicio a través del perdón. Si hay culpables y causantes de tu problema, les darás perdón profundo, total. Trayéndolos por la imaginación, conversa con ellos, uno por uno, y dales tu perdón.

Si no hay causantes o culpables, saltas este paso cuarto y sigues con el quinto.

Este paso del perdón no se hace porque sí. Es importantísimo, porque si tu corazón acusa, tiene reproche, irritación, venganza contra aquel que te perjudicó, la solución del problema encuentra barreras y se hace difícil.

Das el perdón a tu modo. Lo que sigue sirva como sugerencia para tu creatividad:

> Juan Carlos y Eusebio, yo les perdono por tanto mal que me hicieron, al seducirme convenciéndome y llevándome a la casa de prostitución. Les perdono de todo corazón. Les perdono profundamente porque, a partir de aquel día yo me envicié, me corrompí, me destruí. El mal fue enorme, pero les perdono. También de todas las consecuencias maléficas que surgieron para mi vida sexual y moral. ¡Les perdono y quiero que Dios también les perdone!

> Juana, la perdono por aquella experiencia tan violenta, variada y depravada a que usted me llevó. Usted me envolvió de erotismo y pasión. Yo la perdono. Siéntase perdonada. Que Dios la perdone, y la saque de aquel antro de maldad.

De modo semejante pasa por todas las personas involucradas y les perdonas de corazón. Detalla el perdón desarrollándolo hasta en los menores perjuicios que te hayan causado.

5. Ahora estás interiormente preparado para pedir y recibir la gracia que necesitas. Dirige al Señor tu petición fervorosa, pide la solución de tu problema. Pide "en nombre de Jesús", pues él dijo: "Lo que pidiereis en mi nombre lo haré". Pide en nombre de su preciosa sangre redentora. Con toda fe, confianza, simplicidad y humildad, presenta al Señor tu petición. Oras a tu modo personal. Lo que sigue te sirva como ejemplo o inspiración:

Señor Jesús, Salvador y redentor mío, te pido con toda la fuerza de mi ser que me libres y cures de todo mi vicio, pasión y erotismo. Jesús, que tu poder divino penetre todo mi ser y donde haya marcas y heridas causadas por mi pecado, sean curadas. ¡Cura, Señor! Quita, cura, apaga, elimina de mi inconsciente, subconsciente y consciente toda experiencia sexual negativa, toda fuerza del vicio, toda violencia de mis pasiones y erotismos. ¡Cura, Señor! Lava y limpia todo cuanto está manchado, erotizado.

Señor, penetra mi imaginación y lava todo erotismo, toda pasión que conservan las imágenes grabadas en mí.

Penetra, Jesús, mi memoria, y lava todo erotismo y pasión grabados en mis recuerdos. Limpia mi memoria. Señor, que tu poder penetre todas mis emociones para quitar, curar, limpiar todas las emociones eróticas, y depravadas impresas en mí.

Lava, purifica, quita todo erotismo de mis ojos, de mis labios, de mis manos, de mi cuerpo todo. Que tu poder quite de mí, cure y libere todo cuanto por mis errores y pecados yo corrompí, herí, y eroticé.

Te pido, oh Jesús, esta curación total, por el poder de tu nombre salvador. Invoco sobre mí todo el poder de tu nombre para que yo quede libre y salvo. Te pido mi curación por tu gran amor de salvación. ¡Sálvame, Señor, libérame, Señor! Cúrame, Jesús.

Confío en tu acción poderosa sobre mí. Y desde ahora te agradezco la nueva realidad que vas a crear en mí. ¡Gracias, Señor!

6. Continúa pidiendo al Espíritu Santo que tome posesión de tu inteligencia, principalmente de las áreas curadas o liberadas y las llene de sus frutos y dones.

Pide principalmente aquellos frutos o dones contrarios al problema o mal curado. Por ejemplo, si pides la curación del odio, la rabia, la venganza o el desamor, pides al Espíritu Santo que te dé amor, capacidad de perdonar, paz, unión. Si pides la curación de la sensualidad, del erotismo, pide al Espíritu Santo la castidad, la libertad, la fortaleza para no caer más. Si pides la curación del miedo, la inseguridad, solicita al Espíritu el valor, la fortaleza, la intrepidez. Por tanto, pide al Espíritu aquello que sea lo opuesto al mal curado. Por ejemplo:

Espíritu Santo, amor del Padre y del Hijo, que moras en mi corazón. Vengo a tu presencia para pedirte, en nombre de Jesús, por intercesión de María, que tomes posesión plena, total, poderosa,

97

de todas las áreas de mi ser que han sido liberadas, curadas, lavadas y redimidas por Jesús. Tú, que eres Espíritu de santidad, de pureza y castidad, invade todo mi ser. Penetra mi inconsciente, subconsciente y consciente, para llenarme de pureza y castidad. Lléname, imprégname de pureza.

¡Oh!, Espíritu Santo, invade, toma posesión de mi imaginación y llénala de santidad y castidad. Toma todas las emociones y establece en ellas una fuerte presencia de pureza y castidad. Invade mis ojos, mis oídos, mis labios, mis manos, mi cuerpo todo, y llénalos de pureza, castidad y santidad.

Espíritu Santo, tomando posesión total de mi ser, haz una verdadera inversión. Que todo se haga puro, casto, libre, inclinado al bien.

Que la castidad sustituya totalmente todo el erotismo y la pasión que han sido extirpados y curados por Jesús.

Gracias, Espíritu Santo, por tu obra en mí.

Tu oración sea fervorosa, confiada. No olvides que Dios puede hacer mucho, mucho más de lo que puedes imaginar o pedir. ¡Es verdad!

7. Termina tu oración de autosanación interior agradeciendo a Jesús, en la fe, por la gracia pedida y recibida. Aunque no sientas nada, agradece como quien ha recibido. Quizás no sientas ahora ningún cambio, pero después notarás que ha sucedido algo muy bueno. Puedes orar a tu modo, de acuerdo con lo que has pedido. Aquí te pongo sólo un ejemplo:

Señor Jesús, ha sido maravilloso este encuentro contigo. Verdadero encuentro de salvación. Te agradezco de todo corazón toda la obra y gracia realizada en mí. Eres un Dios que salva. Gracias por toda la limpieza y liberación que has hecho en mi ser. Gracias por haber curado experiencias tan dolorosas y desagradables.

Gracias, porque todo mi erotismo fue lavado, todo mi vicio fue extirpado. Gracias por la vida nueva que puedo llevar ahora. Sé que necesito cuidarme, ser prudente y valeroso porque la tentación continúa por todas partes. Pero con tu ayuda, y con oración y penitencia, voy a vencer. Muchas Gracias, Jesús.

De esta forma has realizado la "oración para tu propia sanación interior". Mejor dicho, si crees y haces esta oración bien hecha, podrás alcanzar de Jesús la sanación, la liberación, la solución de muchos problemas o situaciones dolorosas.

4. Observaciones útiles

— Recuerda que esta oración puede hacerse para solucionar cualquier problema psicológico o emocional. Basta reflexionar y analizar tu realidad o situación, para darte cuenta de que podrás realizar esta forma de oración.

— No se trata de una fórmula mágica. El resultado puede aparecer de inmediato o lentamente con el correr de los días o semanas. Muchas veces la cura psicológica es un proceso creciente. Comienza el día de tu primera oración y va creciendo a medida que la repitas.

— Es bueno y útil y a veces hasta necesario, repetir la oración de autosanación interior. Persevera. Vuelve a realizarla más veces.

— Puedo afirmar que puedes usar la misma guía también para pedir bendiciones de salud física, o sea, la curación de males físicos. Basta estudiar y hacer pequeñas adaptaciones a la realidad de los problemas físicos.

— El ejemplo dado en este capítulo trata de un asunto mayor, de un problema nada pequeño: problema de sexualidad. Debo decirte que puedes usar esta forma de oración inclusive para los pequeños problemas psicoemocionales.

*Antes de emplear este ejercicio
para tu autocuración, relee el capítulo tercero.*

Capítulo X

Cura tus relaciones con Dios

Angel y Vera eran un matrimonio religioso y activo. Pero un acontecimiento doloroso derrumbó sus vidas y su vivencia cristiana. El hijo mayor, de 21 años, estudiante de ingeniería, fue atropellado en su carro por un camión y murió en el lugar. La pareja quedó traumatizada y se volvió contra Dios. Decían: "¡Dios no podía hacer esto con nosotros! ¡Siempre hemos sido tan religiosos, y nuestro hijo era un modelo de joven honesto y bueno! ¡Esto no debía habernos sucedido!". Su rebeldía fue creciendo hasta el punto de que abandonaron su práctica religiosa y vivían resentidos con Dios.

***

Dineya, joven de 16 años, despierta y consciente, pasó por un duro golpe. Su madre, de apenas 43 años, contrajo cáncer. Además de buscar, con su padre, todos los mejores recursos de la medicina, se pegó de Jesucristo para conseguir de El la gracia de la total curación de su madre. Oró mucho, hizo valientes promesas, hizo penitencias y todo lo que sabía.

A pesar del esfuerzo de la medicina y de su devoción, la madre murió. Dineya, además de la conmoción por la pérdida de la madre, entró en crisis de fe y se rebeló mucho contra Jesús, recriminándolo y acusándolo duramente.

***

Florencio había sido reprobado tres veces en el examen de ingreso a medicina. Su sueño era ser cardiólogo. Antes de una nueva tentativa acudió fervientemente a Nuestra Señora Aparecida para alcanzar su aprobación. Fue a Aparecida del Norte para pedir la gracia. Hizo diversas novenas, oró mucho, y estaba confiado.

Presentó el examen por cuarta vez y fue reprobado. Su esperanza se cambió en rebeldía. Resolvió no creer más en nada.

***

Hechos y reacciones dolorosas como éstas son muy frecuentes, infortunadamente. Los encuentras con facilidad, los conoces. A causa de una fe poco ilustrada o inmadura; por una religiosidad basada solamente en el pedir, pedir, y creyendo que Dios siempre está obligado a escuchar; por una falta de entrega y acogida consciente de los proyectos de Dios o de lo que permite; por no entender que muchas veces el problema es humano, o está en el abuso de la libertad, o en el mal uso de los dones, algunas personas se rebelan, se vuelven contra

Dios o sus santos. Algunos llegan a blasfemar y renegar de lo que antes profesaban.

No acusemos a estas personas de ser malas. En general se trata de debilidad de la fe, de poca ilustración religiosa. Se debe tener compasión y ayudarlas a levantarse de la caída.

Algunos se rebelan porque piden gracias y bendiciones para sí mismos y no las reciben. Otros se rebelan porque sucedió algo muy doloroso en su vida y culpan a Dios de no haberlos librado. Otros se rebelan y pierden la fe porque imploraron con promesas y votos bendiciones importantes para otras personas, y no las alcanzaron. Se decepcionan, se rebelan, se apartan de Dios. Otros también, se rebelan, reclaman, acusan a Dios o a sus santos, por haber sucedido algo muy doloroso en personas de la familia, amigos, u otros.

Estas reacciones contrarias a Dios o a sus santos dejan un saldo muy negativo y consecuencias muy dolorosas para la vida de fe y de vivencia cristiana. De alguna manera se da un rompimiento de relaciones con Dios. A veces un estado de lucha y rebeldía contra Dios. Algunas veces un choque violento, con blasfemias, desprecios, negaciones agresivas. Casi siempre, con un consiguiente abandono de la oración, y de otras prácticas religiosas. Y por parte de algunos, el paso a una antirreligión, como venganza contra Dios.

Es muy doloroso que suceda esto.

1. Consecuencias religiosas

Los hechos y las reacciones descritas dejan consecuencias religiosas y espirituales negativas y crean nuevos problemas para las propias personas.

Cuando, después de un tiempo, estas personas vuelven en sí, perciben su flaqueza, constatan el error de haberse rebelado y haber abandonado a Dios, y desean retornar, encuentran serias dificultades y fuertes barreras dentro de sí mismas.

En lo profundo de su ser o en su corazón se ha creado un malestar contra Dios, un clima de desconfianza, de dudas; una sensación de "haber peleado y no haber hecho las paces"; un no sentirse a gusto, libre y tranquilo ante Dios; un malestar con la sensación de haber ofendido y atacado injustamente a Dios.

Este clima interior negativo crea enormes barreras a la vivencia de la fe, como: no sentir ya atracción para la oración; frialdad en la oración; constantes dudas de ser atendido cuando pide nuevas bendiciones; distancia y frialdad en los ejercicios comunitarios, como la santa misa, la confesión; dificultad para sentir la presencia de Dios en su vida actual; el no sentirse amado por Dios; dificultad para hablar bien de Dios, de su mensaje; dificultad enorme para atestiguar bendiciones y gracias recibidas.

Estas barreras pueden perdurar por años y años. Inclusive cuando la persona con todo esfuerzo ha procurado volver a las buenas relaciones con Dios y a las prácticas religiosas habituales, aquellas dificultades pueden permanecer. Este es un problema no muy raro entre cristianos.

2. Cómo curar estas relaciones rotas

Mi objetivo es ofrecer ayuda a quienes tienen este problema. Ayudarlos a quitar todas las barreras y dificultades curando sus relaciones con Dios. En síntesis, la solución está en realizar consciente, explícita, decididamente, una profunda reconciliación con Dios o sus santos, con quien haya sido el problema.

Reconciliarse es hacer las paces. Es perdonar y pedir perdón. Es volver a la amistad, eliminando los problemas ocurridos. Es volver al amor más grande, curando heridas, eliminando barreras y decidiéndose a superar todo para vivir en el amor. Reconciliarse es volver a la comunión de amor.

Por parte de Dios no hay problemas para esta reconciliación. A pesar de haber sido ofendido, El es el primero en extender la mano para el perdón y la reconciliación.

Por parte de la persona implicada es necesario un esfuerzo dedicado para sacar toda aquella atmósfera de decepción y rebeldía y para curar las heridas que han tenido lugar en el siquismo y en el corazón emocional.

Te presento una guía dinámica de encuentro con Dios o con el santo con quien se tuvo el problema. Con este ejercicio se puede solucionar el problema creado.

3. Guía dinámica

El encuentro de reconciliación para curar tus relaciones con Dios o con sus santos puedes realizarlo en una iglesia o capilla, en tu pieza, de rodillas, sentado o recostado; en tu oficina o en la sala; en el bus, en el jardín, echado en el césped, en la arena de la playa o en otro lugar apropiado.

Si estás a solas, es útil y favorable que lo realices hablando con voz audible.

Te presento los pasos sucesivos del ejercicio y luego los explicito con detalles y ejemplos.

Pasos de la guía

1. Colócate en presencia espiritual de la Persona divina o del santo con quien tuviste problemas.
2. Conversa con ella para contarle tu problema, con detalles, reacciones y consecuencias.
3. Pídele que comprenda que necesitas darle el perdón para poder liberarte y curarte.
4. Conversa con ella, perdonándole todo aquello de que tu corazón la acusa y condena.
5. Pídele perdón profundo por tus reacciones, palabras, actitudes de acusación, rebeldía y resentimiento.
6. Dile que quieres volver al amor más grande, a una mejor relación.
7. Agradécele la reconciliación sucedida y la nueva fase que comienza.

Explicitación de los pasos de la guía

1. Al comenzar, crea un buen clima de calma interior, de interiorización y de concentración. En espíritu, en tu pensamiento y voluntad, colócate en la presencia de la Persona divina o del santo con quien tuviste el problema.

Si el problema de rebeldía y resentimiento fue contra Nuestra Señora, ponte en sintonía con ella y en su presencia. Si el problema es con san Antonio, o san Judas Tadeo, o santa Rita, ponte en contacto con él o con ella. Si el problema sucedió con Jesús, ponte en su presencia. Si fue con Dios Padre o con el Espíritu Santo, invoca la presencia de ellos.

Es importante crear un buen contacto inicial, aunque pueda ser difícil a causa de las barreras de tu corazón.

Hecho el contacto, conversa u ora a tu modo, procurando crear un buen clima. Como sugerencia o inspiración, te doy este ejemplo:

> María, madre de Jesús, que estás en el cielo junto con mi Dios, vengo a tu presencia maternal, pues necesito mucho conversar contigo. Antes de entrar en materia, quiero decirte que yo siempre te he admirado y admiro por tu amor apasionado hacia tu hijo Jesús, por el valor que tuviste para enfrentar lo que enfrentaste, y como, también ahora, en el cielo, estás totalmente empeñada en la salvación de tus hijos adoptivos, tan rebeldes, desunidos y hasta malos. María, aprovecho para decirte que has sido muy importante en mi infancia, adolescencia, juventud, e inclusive ahora. Te amo. Te

estoy agradecida por todo. ¡Te admiro cada vez más!

Conversa a tu modo, naturalmente, con la persona con quien tuviste el problema, la cual ahora está en tu presencia. Crea un buen clima de conversación.

2. Después de una primera conversación, habla de tu problema, de lo que sentiste y sientes. Habla con humildad y simplicidad, sin nuevas acusaciones o palabras agresivas, pues quieres la reconciliación:

María, madre celestial, te dije que necesito un encuentro contigo. Es muy importante. Por favor, entiéndeme, pues voy a tratar de un asunto delicado y doloroso para mí. Debes recordar lo sucedido con mi hijito de dos años. El contrajo meningitis aguda. Me desesperé. Busqué lo mejor en la medicina, pero también acudí a ti con toda confianza. Debes acordarte de mis rosarios rezados de rodillas, de mis promesas hechas, de las oraciones de mis amigos. Pedíamos con toda confianza tu intervención poderosa. Podíamos esperar porque en otras oportunidades nos habías escuchado con verdaderos milagros. Pero esta vez... ¡mi niño murió!

¡Quedé desesperada! Tuve momentos de mucho resentimiento y rebeldía contra ti. Me dije a mí misma que jamás volvería a rezar, que jamás te pediría cosa alguna, y que yo no creía en ti. Tenía en mí mucha rebeldía y decepción. Sentía que tú no habías sido buena conmigo.

Sabes que, de hecho, pasé muchos meses sin rezarte. Cuando me acordaba era con resentimiento. Cuando oía hablar de ti, hervían dentro de mí el resentimiento y la decepción. ¡Fue horrible! O mejor, todavía lo es, aunque algo haya cambiado.

Varias veces he intentado rezarte, pero no lo he logrado. Dentro de mí existe una barrera. Existen una falta de fe y un rechazo hacia ti. Pero una cosa es cierta: ¡Yo no aguanto más! ¡No aguanto! Sin tu amistad, sin sentirme bien contigo, Madre, no vale la pena vivir. Por eso, aconsejada por un amigo, vengo a reconciliarme. Vengo a hacer las paces. Necesito volver al amor antiguo, tan importante para mí.

En forma semejante, presenta tu problema, las reacciones y consecuencias para tu vida. Es bueno que te desahogues, que botes toda la amargura que haya.

3. Pídele ahora que comprenda y acepte tu perdón. Que necesitas perdonar para poder liberarte.

Quizás preguntes: "¿Pero... perdonar a Dios? ¿Perdonar a la Virgen? ¿Darles yo perdón? ¿Qué historia es esa? ¿No es blasfemia? ¿Yo... perdonar a Dios?".

De hecho es preciso que perdones. Que des un perdón profundo, generoso a aquella Persona divina o santo con quien tuviste problema.

Entiende bien lo que te digo ahora: "Dios y los santos no necesitan de tu perdón... pero tú necesitas darles tu perdón". ¿Lo entiendes? ¡Dios no necesita de perdón porque no yerra! ¡Si errase no sería Dios! En cuanto a los santos, ellos solamente pueden pedir a Dios para que El haga algo o no deje suceder el mal. En definitiva, no depende de ellos.

Eres tú quien necesitas perdonar... eres tú quien necesitas dar perdón... porque eres tú quien estás herido, amargado, bloqueado, decepcionado. Es tu corazón el que está herido y desunido. Entiende: eres tú quien se reconcilia, quien se acerca de nuevo, quien extiende la mano para hacer las paces. La otra mano siempre ha estado extendida. Tú fuiste quien se alejó. Pero por el perdón te reaproximas.

Es muy importante entender estas realidades. Una vez entendidas, se hace más fácil resolver el problema. Te servirá de ejemplo o sugerencia lo que sigue.

> María, te pido una cosa sencilla: acepta que te perdone por no haberme escuchado. Tú no necesitas de perdón, pero yo necesito perdonarte profundamente para poder curar mis heridas, sacar mis resentimientos, eliminar todas las barreras que tengo contra ti. Estoy segura de que comprendes mi gesto y lo aceptas para ayudarme. Gracias por tu comprensión.

4. Prosigue conversando, ahora para hablar de perdón. Perdona todo cuanto tu corazón tenga contra la persona. Perdona a tu modo, con tus palabras. Ten cuidado para no acusar, no agredir durante tus palabras de perdón. Lo que sigue vale como ejemplo:

> María, te perdono con todo mi corazón, con toda mi voluntad, por no haberme escuchado cuando

te pedí la salud y la vida de mi hijo. Te perdono. Siéntete perdonada.

Te perdono, María, porque por el hecho de no haberme escuchado, mi hijo murió, mi hijo se fue a la otra vida. Te perdono. Sí, te perdono de todo corazón.

Te perdono también porque, habiendo orado tanto, pedido tanto, hecho tantas promesas, sin embargo, no fui escuchada. Te perdono de corazón, profundamente, por no haber escuchado mis oraciones.

María, quiero perdonarte también por toda la tristeza, desesperación, desánimo, nostalgias respecto a mi hijo; por todos los dolores y lágrimas, por todos los sufrimientos que tuve con la muerte de mi hijo. Te perdono, de todo corazón.

También te perdono por el hecho de haber muerto mi hijo, yo me rebelé mucho contra ti. Si él se hubiera curado no habría pasado nada. Te perdono de todo corazón.

Finalmente, María, quiero que sepas que aunque mi corazón esté adolorido, yo te perdono totalmente, del todo.

Realiza de igual manera todo el perdón que tu corazón necesita dar. Repite muchas veces las palabras: yo perdono, quiero perdonar, perdono de corazón, y otras similares.

5. Paso siguiente: le pides perdón por tus rebeldías, por tus acusaciones y reacciones negativas, por todo lo que pueda haber ofendido a la otra persona. Por ejemplo:

María, ahora yo misma quiero pedirte perdón. Sí, necesito ser perdonada, pues dije muchas barbaridades contra ti. Me rebelé, te acusé, me aparté de ti, como si fueras la culpable de todo.

María, te pido un perdón sincero, arrepentida, por haberte culpado de la muerte de mi hijo. ¡Perdón, María! Perdóname, pues te acusé de ser insensible, sorda, inhumana, por no haber escuchado mis peticiones y promesas. ¡Perdón, María! ¡Sé que esto fue duro para ti!

Perdón, María, por todo mi resentimiento, rabia, decepción que tuve y manifesté contra ti. ¡Perdón, madre mía!

Te pido perdón de todo corazón porque me había resuelto a nunca más hablar contigo, a nunca más rezarte, a jamás esperar cosa alguna de ti. ¡Perdón, María, perdón!

Perdón, madre mía, por todos estos meses en que estuve apartada de ti, sin honrarte, sin rendirte homenajes, sin querer acordarme de ti. Perdón por las muchas veces en que, al recordarte, yo alimentaba el resentimiento, la rebeldía. Perdón, María, en fin, por haberte abandonado en forma tan llena de desamor y de amargura. Sé que puedo contar con todo tu perdón.

En una forma personal repasas todos los acontecimientos y pides perdón sincero y profundo.

6. Después de haber perdonado y pedido perdón, prosigues conversando con aquella persona para proponerle una reconciliación decidida, un retorno al amor primero:

María, te agradezco el perdón que me has concedido. Te propongo que volvamos a nuestra amistad, a nuestro amor. Quiero reconciliarme contigo en este momento. ¡Deseo hacer las paces contigo, María!

María, ya que nos hemos perdonado, dejemos atrás todo lo que pasó. Necesito volver a sentir aquel amor, aquella amistad, aquellas relaciones tan vivas e importantes para mí. Sé que depende de mí. Pero yo estoy decidida, necesitada de volver a nuestra amistad de hija y madre. ¡Sin ti, Madre celestial, nada vale la pena! ¡Es imposible vivir!

A partir de este instante, voy a buscarte todos los días, como lo había hecho siempre desde pequeña. Gracias, María, por tu perdón. Gracias por nuestra reconciliación. Gracias por el retorno a nuestro amor de madre e hija. ¡Muchas gracias!

7. Puedes concluir agradeciendo la reconciliación realizada y la nueva fase de amistad. Puedes elogiar a la persona por todas las cosas que hacen que la admires. En el ejemplo anterior ya hubo palabras de agradecimiento. Puedes completar:

María, estoy segura de que a partir de hoy mi vida va a normalizarse. Con tu ayuda y amistad, voy a superar definitivamente todo sufrimiento por la muerte de mi hijito. Siento que las amarguras para contigo no me dejaban volver a la normalidad de mi vida. Estoy decidida, María, a recuperar todo el tiempo que perdí lejos de ti, amargada contigo. ¡Una vez más, muy agradecida, madre mía!

4. Observaciones útiles

— Esta oración no es mágica, como no lo es nada en la vida cristiana. Por eso, después de la primera oración, pueden surgir efectos positivos, pero el problema no quedará solucionado totalmente. Además, por el simple aunque importante hecho de recomenzar unas buenas relaciones con aquella persona (en nuestro ejemplo con María Santísima), la misma relación reanudada completará la curación de las heridas, el regreso a la paz y amistad.

— Es necesario, o por lo menos muy útil, volver a la misma oración varias veces. Es una forma de profundizar, interiorizar las decisiones de perdón y reconciliación, de paz y amistad.

— Si tienes dificultad para realizar espontáneamente este ejercicio, puedes escribirlo todo, bien hecho y completo, para luego realizar la oración por medio de lo escrito. Al leer el ejercicio escrito, procura hacerlo de corazón, asumiendo tus sentimientos.

— En el ejemplo de este capítulo, hemos usado un caso doloroso. No quiere decir que sólo en casos graves pueden haber problemas. A veces en pequeñas decepciones, o en momentos de rebeldía contra Dios, se pronuncia alguna afirmación que crea este clima de desunión y alejamiento de Dios. Vale la pena que releas tu historia para descubrir si hubo algo semejante.

Al emplear este ejercicio para tu autosanación, lee antes el capítulo tercero.

114

Capítulo XI

La sanación psicoemocional por la imaginación creativa

Soraya, 19 años, estudiante de odontología, iba todas las mañanas en carro a la facultad. Una mañana lluviosa, de tránsito intenso en la vía, los carros de adelante disminuyeron mucho la marcha. Ella fue frenando poco a poco, para mantener alguna distancia, cuando un camión golpeó fuertemente por detrás su vehículo y lo hizo chocar contra el de adelante. En su carro empezó un incendio que fue apagado por otro automovilista que la socorrió. Con el choque, Soraya quedó por un momento desorientada, pero sin heridas mayores. Pasado el primer impacto del accidente, tuvo una crisis nerviosa al pensar en lo sucedido y en cómo ella hubiera podido quedar carbonizada.

Desde entonces no logra conducir. Queda presa de un temblor y de un pánico cada vez que se sienta al volante. Quedó traumatizada.

Queriendo curarse, hizo caso de la orientación de un amigo y pasó a hacer la terapia o ejercicio de la imaginación creativa.

Describo su modo de actuar para que lo aprendas con el ejemplo concreto.

Soraya se recostaba de espaldas, en una posición tranquila. Cerraba los ojos, pensaba en Dios por unos momentos y oraba. Llamaba a Jesús vivo, conversaba con Él, amigablemente, le pedía ayuda para curarse de su problema y lo invitaba a hacer un paseo en carro hasta la facultad. Realizaba esta parte con mucha concentración y fe en Jesús.

Después Soraya comenzaba la imaginación creativa del paseo en carro con Jesús. Imaginaba levantarse de la cama, cambiarse de ropa, vestirse la que habitualmente más le gustaba. Se pintaba, se calzaba, tomaba el bolso, examinaba los documentos y las llaves del carro, algún dinero, pañuelo, estilógrafo.

Se imaginaba invitando a Jesús a ir hasta el garaje. Salía del cuarto conversando con Jesús, pasaba por la sala, luego por la cocina. Se despedía de su madre y se dirigía al garaje, siempre acompañada por el buen Jesús, que sería su compañero de paseo.

Soraya se imaginaba sentirse bien, tranquila, con valor y sin miedo, segura de sí como motorista, alegre por poder ir hasta la facultad, volver a encontrar a sus amigos y quizás a su novio. Procuraba sentirse interiormente muy bien.

Imaginaba que abría el garaje, ayudada por Jesús, abría la puerta derecha del carro a Jesús, quien en seguida se acomodaba. Tomaba el lugar en el volante, colocaba la llave del encendido y prendía el carro para calentarlo. Mientras se calentaba el carro, ella conversaba con Jesús sobre su entusiasmo en el estudio de la odontología y su deseo de especializarse en tratamientos para niños.

Se imaginaba ella misma al volante, muy tranquila y segura, como si nada hubiera sucedido el día del accidente. Se sentía segura y protegida por la presencia de Jesús.

Se imaginaba que salía del garaje naturalmente, tomaba la primera calle, seguía de frente hasta el primer semáforo, paraba, esperaba la luz verde, pasaba y seguía conduciendo. Veía algunos carros que la sobrepasaban y ella sobrepasaba a otros varios. Seguía sin problemas. Se sentía calmada, segura, alegre, distensionada. Continuaba su conversación con Jesús, pero conduciendo con el cuidado natural.

Se imaginaba que llegaba a la autopista, entraba en aquel tránsito más pesado e intenso con mucha seguridad. A su lado pasaban filas de carros, camiones, autobuses. Ella misma sobrepasaba a los carros menos veloces. Sentía avanzar todo naturalmente. Se sentía muy segura al volante.

Al llegar cerca del lugar del accidente, fue previniendo a Jesús para que viera dónde había sido. Como ahora había poco tráfico, disminuyó la velocidad y fue mostrando a Jesús el lugar preciso del accidente. Pasó bien, sin miedos, sin ansiedad. Observó que Jesús miraba más hacia ella que hacia el lugar indicado.

Soraya se sentía tan tranquila al pasar, como si nada hubiera sucedido. Seguía adelante, avanzando, conversando con Jesús, conduciendo tranquilamente hasta llegar a la facultad.

Se imaginaba llegar, estacionar, llevar a Jesús a conocer todo el local. Se imaginaba encontrar amigos, conversar calmadamente con ellos, entrar al predio, volver a ver a los colegas, buscar al novio, presentárselo a Jesús, conversar juntos.

Después de pasar una o dos horas, se imaginaba regresar a su casa con Jesús. Con la imaginación recorría en carro todo el trayecto, nuevamente el paso por el lugar del accidente, las calles con los semáforos. Se imaginaba llegar a casa, entrar al garaje, apagar el carro, entrar en casa con Jesús y volver a su cuarto.

Todo este ejercicio era realizado en unos veinte minutos.

Después de realizar este trabajo imaginativo, Soraya volvía a sentirse echada en su cama y oraba al Señor Jesús, pidiéndole la curación de su trauma que le impedía conducir. Oraba más o menos así:

Jesús, muchas gracias por el paseo que hicimos juntos. Gracias porque tu presencia y compañía son muy agradables. Te pido que ahora me toques con tu poder divino y cures mi pánico para conducir. Cura, Señor, ese susto terrible que tuve cuando fui chocada. Quita de mí, Jesús, el miedo que se apoderó de mí cuando vi mi carro en llamas. Cura, Jesús, todo el pavor que sentí cuando volví en mí después del choque y percibí que podría haber quedado carbonizada si no me hubieran socorrido al punto. Cúrame, Jesús. Quita de mi ser todo el miedo de conducir, todo el pavor de enfrentar el tránsito. Dame aquella seguridad y tranquilidad que sentí cuando, imaginariamente, paseábamos juntos y yo conducía mi carro. ¡Cúrame, Señor! Quita todo el miedo. Devuélveme el valor, la alegría y la seguridad para conducir. Gracias porque tengo la seguridad de que volveré a conducir muy pronto. Gracias.

De esta manera Soraya realizaba la terapia o dinámica de la imaginación creativa para curar su problema.

1. Problemas curables para la imaginación creativa

La principal dificultad en el uso del ejercicio de la imaginación creativa está en descubrir cuándo se puede aplicar a un determinado problema. En otras palabras: si tienes un determinado problema psicológico o emocional, ¿puedes tratarlo con la imaginación creativa? Algunas veces la respuesta será "sí". Otras veces, "no".

Para superar esta dificultad, basta preguntarse si es posible crear en la imaginación una escena o un acontecimiento semejante a aquel que fue causante del problema, pero que tenga un resultado positivo, un final feliz, que pueda curar el anterior, causante del sufrimiento.

Ofrezco otros ejemplos para ilustrar y crear ideas nuevas, o ampliar tu capacidad de análisis de los problemas que pueden tratarse con la imaginación creativa.

Naira, de 12 años, no es capaz de quedarse sola en la sala de su casa. Hace seis meses falleció su abuela y fue velada en esa sala. Desde ese velorio, Naira tiene la clara impresión de que su abuela va a aparecerse y agarrarla. No logra estar sola en casa y mucho menos en la sala, aunque haya otras personas en casa.

Pregunto: ¿Este caso podría ser tratado con la imaginación creativa? ¿Cómo crear una escena para curar el miedo que aflige a Naira?

***

Jefferson no logra entrar en el mar. Su pavor comenzó cuando, tomando un baño con unos colegas, asistió al ahogamiento de su mejor amigo, sin poder hacer nada para salvarlo. Aquella escena, aquellos gritos para pedir socorro, el desespero de sus colegas, lo dejaron traumatizado. No ha vuelto a la playa por el pavor que le inspiran el agua del mar y las olas.

Pregunto: ¿La imaginación creativa podría curar el problema de Jefferson? ¿Cómo hacer el montaje?

***

Helenita fue traumatizada por su propio hermano. Una noche despertó asustadísima, porque había alguien en su cama intentando poseerla sexualmente. No hubo violación, pero ella quedó muy impresionada. Siempre duerme con miedo y cualquier ruido en su cuarto la hace sentirse llena de pavor. Tiene muchas pesadillas ligadas a la sexualidad. Sufre mucho por haber sido su propio hermano quien intentó abusar de ella.

Pregunto: ¿Cómo aplicar la imaginación creativa en este caso? ¿Es posible? ¿Cómo crear una escena benéfica?

***

Sara tiene un trauma de choque telefónico en la noche. Una noche, casi a media noche, sonó el teléfono. Ella atendió. Le avisaban de un accidente grave sufrido por su hijo mayor. El que avisó fue muy crudo, frío y sin medias palabras. Llegó a decirle directamente que su hijo no sobreviviría. El golpe fue fortísimo.

En realidad el hijo sobrevivió. El accidente no había sido tan grave como lo habían descrito. Pero Sara no puede oír sonar el teléfono en la noche, porque su corazón se dispara, se siente aterrada y le vuelven todas las angustias de la noche del accidente del hijo.

Pregunto: ¿Se puede tratar Sara con la imaginación creativa? ¿Cómo montar una escena que favorezca la curación de su problema?

***

Podría citar muchos otros ejemplos. Pero sé que a partir de estos sabrás discernir a qué problemas se aplica la imaginación creativa.

A partir de lo concreto de los ejemplos podemos afirmar que "la terapia o ejercicio de la imaginación creativa" se resume en crear imaginariamente una escena igual o parecida a la que produjo el problema pero orientándola de manera que tenga un final positivo, feliz, contrario al que causó el problema.

2. Guía práctica

Puedes realizar este ejercicio en algún lugar donde puedas concentrarte sin ser interrumpido. Puede ser en cualquiera de los muchos lugares propuestos para los demás ejercicios.

Si estás a solas, puedes decir en voz audible las partes que son oración directa con Jesús.

Pasos de la guía

1. Entra en clima de oración. Invoca la presencia de Jesús: adóralo, alábalo, glorifícalo, agradécele.
2. Cuenta a Jesús tu problema y pídele que participe en tu imaginación creativa.
3. Realiza la imaginación creativa, siempre con la participación activa de Jesús.
4. Pide a Jesús que cure tu problema.
5. Agradece a Jesús su participación y su bendición curativa.

Explicación de los pasos

1. Al comenzar crea un clima de concentración, de calma y silencio. Si quieres, haz un momento de relajación física o psicosomática. En seguida invoca

la presencia de Jesús, conversa espontánea, amigablemente con El. Adóralo por unos instantes, agradécele beneficios recibidos. Ora a tu modo, con simplicidad. Para inspirar tu oración puedes releer algunas de las diversas oraciones iniciales, escritas siempre en el número uno de cada ejercicio, a partir del capítulo cuarto.

2. Después de esta introducción, en oración con Jesús, le cuentas cómo sucedió tu problema, le dices que quieres curarte usando la imaginación creativa y pides su participación activa.

3. Inicia la escena usando toda tu capacidad para imaginar. Realiza la imaginación creativa viviendo cada paso, cada momento, hasta los pequeños detalles. Durante la escena vivida, procura sentirte, percibirte interiormente de modo seguro, normal, sano. Procura sentirte en forma contraria a como te hace sentir el problema. Relee la forma en que Soraya condujo su imaginación creadora.

4. Terminada la imaginación creativa, ora a Jesús para que, mediante el ejercicio realizado, El actúe con poder para curar tu problema. Para inspirar tu petición de curación, relee la oración que hizo Soraya.

5. Concluye el ejercicio agradeciendo la participación de Jesús en la escena de la imaginación creativa, lo mismo que la bendición de tu curación. Ora espontáneamente, a tu modo muy personal. Para inspirar tu oración final puedes releer las que están escritas en los capítulos anteriores, al final de cada ejercicio.

3. Observaciones útiles

— Es bueno y a veces necesario repetir este ejercicio más veces para obtener la curación completa del problema.

— La participación de Jesús en todo el transcurso de la escena imaginada es muy importante. La presencia de Jesús no es ilusoria. Recuerda que lo llamaste, lo adoraste, le agradeciste al comienzo del ejercicio. No olvides que Jesús te ama mucho y te quiere sano, curado, libre. Al percibir tu esfuerzo, Jesús viene en tu ayuda. El puede utilizar la escena para curar tu problema.

— Al usar esta terapia es necesario prepararla muy bien. Es preciso reflexionar, programar, organizar en tu mente cómo vas a conducir la escena.

Antes de iniciar tus ejercicios
con la terapia enseñada en este capítulo,
relee el capítulo tercero.

Capítulo XII

La curación del negativismo, del pesimismo, de la inferioridad

Amanda es una señora que vive tristona y sombría. Como es extrovertida, tiene fácil comunicación, habla bastante. Pero el tema constante y preferido es lamentarse y llorar su vida pasada. Es una persona totalmente vuelta hacia el pasado, y en el pasado ve sólo lo negativo, el sufrimiento, las dificultades vividas.

En las personas con quienes vive, sólo ve defectos. Sólo le han creado problemas, según ella. Le han causado sólo decepciones, sufrimientos, perjuicios. El negativismo va más allá de la conversación. Sus pensamientos están totalmente orientados a los sufrimientos y problemas del pasado. El disgusto de vivir es perceptible en su desánimo y en sus propias palabras. No se oye de sus labios un elogio para alguien, una historia alegre y positiva. El negativismo se ha posesionado de su vida. Le parece que todo sale mal. Todo debería haber sido diferente.

Manuel, al contrario de Amanda, vive en la de "¡aquellos buenos tiempos!". "¡En mi tiempo, las cosas sí eran buenas!". "¡Hoy todo va de mal en peor!". "¡No sé a dónde vamos a parar!"... Manuel mira el presente y el futuro con lentes oscuros... todo lo ve negro, todo mal, sin perspectivas. Sus comentarios y conversaciones anuncian siempre lo peor para el futuro. Para él todo está mal: la familia no es como la de antes... La juventud está perdida... Los jóvenes de hoy no quieren nada... La Iglesia, los obispos, los sacerdotes, son un escándalo... El gobierno, los políticos todos son unos corruptos... La medicina es sólo comercio... Y así por el estilo. El pesimismo se apoderó de su vida.

***

Roseli nació y se crió en una familia numerosa y pobre. Padres cariñosos, hermanos unidos y amigos. El ambiente fue bueno en el sentido del amor. Pero la pobreza dejó huellas en su personalidad. Porque en la niñez y adolescencia no podía vestirse, calzarse, tener juguetes y objetos de uso personal como sus colegas de salón y sus amiguitas, Roseli contrajo una sensación de inferioridad acentuada. Se siente en todo inferior a sus colegas de colegio y de trabajo. Aunque es inteligente, esforzada en todo; aunque está bien en sus estudios, inclusive mejor que la mayoría de sus compañeras de clase; aunque la quieren en el trabajo por su capacidad y eficiencia, Roseli se siente inferior a todas. Esta sensación la envuelve, la bloquea, la deja tímida e insegura en la convivencia social y la perjudica. Aquella sensación de ser menos, de ser inferior, está profundamente arraigada en su ser íntimo.

***

Antonio Carlos nació con un pequeño defecto físico. Tiene la pierna derecha un poco más corta y delgada, lo cual le quita la naturalidad al caminar. En la escuela había un compañerito que se burlaba constantemente de él llamándolo "manquillo", "perneta". Muchas veces aquel compañerito imitaba grotescamente su modo deficiente de andar. Estas y otras actitudes acomplejaron a Antonio Carlos. Hoy se siente inferior a los demás. Está mortificado por haber nacido con ese problema. Evita estar con sus compañeros. Cuando camina, tiene la impresión de que todo el mundo lo mira y se ríe, y esto lo hace sufrir mucho. Aunque es muy inteligente, competente en lo que hace, se está aislando cada vez más en su inferioridad.

***

Seguramente conoces personas que llevan problemas de negativismo, pesimismo o inferioridad. Sufren y hacen sufrir. Podrían ser más felices pero no lo son, precisamente por su realidad interior. Podrían ser más útiles, más generosas en el servicio a sus hermanos, pero viven aprisionadas por el problema.

Quisiera que no tuvieras ninguno de estos problemas. Ni siquiera en pequeña escala. Pero si percibes algo semejante en tu modo de ser, busca resolver el problema, superar tu sentimiento de estar esclavizado y curarte de tu mal.

1. Una posible solución para estos problemas: la alabanza

Entre varias posibilidades de solución de estos problemas, te presento una, muy simple y eficaz. Tan simple que podría parecer incapaz de solucionar los problemas citados. Pero muy eficaz y poderosa para solucionarlos.

La solución está en el ejercicio de la alabanza. O mejor, en el ejercicio de la oración de alabanza. La oración de la alabanza contiene un elemento muy poderoso, un elemento-fuerza, psicoespiritual, que actúa poderosamente sobre el psiquismo humano, y puede modificar el comportamiento, las relaciones de la persona que la realiza.

¿Qué es alabanza? ¿Qué es alabar?

Alabar es elogiar... hacer un elogio a alguien, a alguna cosa.

Seguramente has recibido elogios. Ya debes haber elogiado a otras personas. Sabes, pues, por experiencia, lo que es elogiar. Puedes elogiar a alguien por lo que él es: por ser bueno, por ser bonito, por ser inteligente. Puedes elogiar a alguien por aquello que hace o hizo: por una obra buena, por haber cocinado bien, por una bella pintura, por una pieza músical bien ejecutada. Puedes elogiar a alguien por algo bueno que te hizo: por una ayuda prestada, por una costura bien hecha, por un alimento delicioso que te brindó.

El elogio actúa poderosamente sobre aquel que es elogiado, pero también sobre aquel que elogia. Cuando la madre elogia a su hijo, o el esposo a su

128

esposa, o el profesor al alumno, sucede algo de bueno en el psiquismo-corazón de ambos. En quien elogia crecen la estima y la admiración, el amor hacia la persona elogiada. En ésta se despierta una certeza de su propio bien, del bien que ha hecho; se activa su capacidad de ser y de actuar; se crea una fuerza e interés para ser todavía mejor y realizar más. Un ejemplo: el alumno que fue elogiado por el maestro se hace consciente de que es capaz, se le aumenta el gusto y el entusiasmo por el estudio y pasa a rendir mucho más. Por eso, un buen elogio vale más que muchas represiones. Al mismo tiempo, el alumno elogiado pasa a amar, apreciar y valorar a su maestro.

Oración de alabanza es "hacer elogios a Dios" o por lo que El es, o por lo que El hizo y hace, o por lo que El te hizo o hace. Quien alaba a Dios pasa a sentir una fuerte influencia positiva en su ser interior. Y Dios derrama sobre él sus bendiciones que liberan, transforman, animan.

Basado en la "psicología de la alabanza" y en la "bendición de la alabanza" te presento la oración de alabanza como solución de los problemas de negativismo, pesimismo o inferioridad. Nada mejor que experimentar la oración de alabanza para percibir sus buenos resultados.

2. *La alabanza cura el negativismo*

Los negativistas viven mirando hacia atrás, viendo todas las cosas, personas y acontecimientos con sentimiento negativo. Todo en el pasado, para estas personas, fue malo, equivocado, mal vivido, mal

129

hecho. Todo fue sufrimiento. Nada sucedió positivo y bueno. Porque viven mirando sólo hacia el pasado, no viven el presente y el futuro con sus cosas positivas, buenas, edificantes. Viven lamentándose sobre el pasado.

La oración de alabanza puede liberar de este peso del pasado. Puede curar el negativismo. Puede dar otra visión del pasado más positiva. Puede crear un nuevo clima interior de esperanza, de alegría y paz, de voluntad de vivir bien, de vivir mucho mejor.

Pasos de la guía

1. Entra en clima de oración. Llama la presencia de Jesús: adóralo, agradécele por bendiciones recibidas.

2. Cuenta a Jesús tu problema de negativismo y pídele la gracia de poder curarte.

3. Elogia a Dios —Padre o Hijo, o Espíritu Santo— prolongadamente, por todo aquello de bueno que has vivido en tu pasado.

4. Pide a Jesús que cure tu negativismo, que te dé la alegría de vivir bien y de percibir todo el bien que sucede a tu alrededor.

Explicitación de la guía

1. Al comenzar, crea un buen clima de oración. Llama la presencia de Jesús, adóralo, agradécele por las bendiciones y gracias recibidas. Si quieres,

puedes visualizar a Jesús delante de ti o a tu lado. Ora espontáneamente. Para inspirar tu oración te presento esta sugerencia:

Señor Jesús, vivo, resucitado, tú dijiste que podíamos contar con tu presencia siempre que quisiéramos entrar en comunicación contigo. Dijiste: "Estaré con ustedes todos los días". Jesús, elevo a ti mi corazón, invoco tu presencia y quiero estar contigo. Te adoro, Jesús, pues eres mi Dios, el Dios con nosotros. Me entrego a ti como criatura y siervo.

Te agradezco esta posibilidad de estar contigo. Además, yo necesito mucho de tu presencia. Señor, la necesito porque soy una persona muy necesitada. Por eso recurro a ti. Te estoy muy agradecido por tantos beneficios que me has concedido ya. Tu bondad me anima a venir ante ti nuevamente. Gracias por ser un Dios de amor, bondad y bien.

Muy a tu manera realiza la oración inicial, creando un clima de fe.

2. Sigue conversando con Jesús, contándole tu problema de negativismo. Desahógate. Deja que tu corazón le cuente con franqueza que eres negativista y por eso sufres todavía más. Podrías orar así:

Jesús, lo que me trae a tu presencia es un problema que me aflige. He descubierto que soy negativista. Que soy una persona que sólo ve lo negativo de mi pasado. Veo todo lo negativo. Me parece que en el pasado todo fue malo, desagradable, equivocado, sufrimiento. Sólo hablo y pienso en cosas desagradables. Esto, Señor, me ha hecho una persona triste, pesimista, desagradable para mí mismo y para los demás. Siento que en mis conversaciones sólo hablo de cosas tristes y desagradables. Ya me han dicho algunas veces que soy un "aguafiestas". Señor, te pido que por este ejercicio de la oración de alabanza pueda yo superar este problema. Necesito cambiar. No es justo que yo vea sólo lo negativo.

A tu manera muy personal de orar, presenta a Jesús todo tu problema.

3. Después inicias la oración de alabanza elogiando a Dios Padre, o al Hijo, o al Espíritu Santo, por todo lo bueno que has vivido y realizado en tu pasado. Lo elogias por el lado bueno de tu familia, de tu padre, de tu madre, de tus hermanos. Lo elogias por el lado positivo de tu infancia, adolescencia y juventud. Lo elogias por tus estudios y trabajos realizados. Por tus cualidades físicas, psíquicas, espirituales, por tus dones naturales. Lo elogias por todos los éxitos de tu pasado. Por todos tus buenos amigos. Lo elogias por todo el bien que eres, has hecho y continúas haciendo.

A tu modo realiza la oración de alabanza. Podría ser así:

Dios, Padre santo, Padre bueno, Padre celestial, vengo ante ti para alabarte y bendecirte, pues tu amor y bondad siempre han estado presentes en mi vida, en mi historia.

Padre, te alabo mucho por el don de mi vida. Porque me llamaste a vivir para poder conocerte, ser tu hijo, ser amado por ti, recibir tus bendiciones en vida y un día convivir contigo en el cielo (continúa alabándolo por la vida).

Vengo a alabarte, Padre celestial, porque nací perfecto en mi físico, en mi mente. Gracias por mi cuerpo perfecto, por mi inteligencia, por poder estudiar, trabajar, amar, servir (continúa alabándolo por tu físico, por tu mente, por tus dones naturales).

Te alabo, Padre, por mi papá y mi mamá. Gracias por haberme dado el nacer de ellos. Ellos son maravillosos. Te alabo por haberme dado un padre trabajador, bueno, amigo, hombre de fe. Te alabo por mi mamá, tan buena y llena de amor, de ternura, de fe y caridad. ¡Qué padres maravillosos me has dado! (continúa alabándolo por toda tu familia).

Padre celestial, necesito alabarte mucho por mi infancia y niñez. Tiempo bueno, tranquilo, rodeado de personas tan buenas y amigas. Te alabo por todo el amor que recibí en esta etapa de mi vida (continúa alabándolo por todas las cosas buenas en cada edad).

¡Dios mío! ¡Cómo fuiste de bueno para conmigo! Veo que no tengo motivos para seguir siendo negativista. Gracias, Padre mío.

Sigue elogiándolo detallada, prolongadamente, por todo lo bueno, positivo que has vivido y realizado en tu pasado.

4. Concluye tu ejercicio pidiendo al Señor que cure tu negativismo, que te conceda la bendición de poder vivir muy bien el presente y el futuro, y pasas a darte cuenta de todo el bien que sucede a tu alrededor. Puedes orar así:

Jesús, frente a tanto bien que he vivido, no puedo vivir en mi negativismo. Te pido que lo cures. Quita, Señor, este mal de mi corazón. ¡Cúrame, Señor! Penetra con tu poder en lo más profundo de mi ser y cura todo el negativismo, toda la tristeza. Libérame Jesús de este mal. Dame la gracia de vivir alegre y feliz, de percibir que en mi pasado hubo tanto bien, tantas cosas buenas.

Abre, Jesús, mis ojos para que vea y aprecie todo el bien que es realizado a mi alrededor. Todo el bien que es realizado cada día en el mundo. Todo el bien que yo puedo realizar cada día. Que esta visión del bien me cure del negativismo y me dé la alegría de vivir.

A tu manera ora al Señor para que se cree un nuevo clima de alegría, optimismo y buena voluntad en tu corazón.

Observaciones útiles

— Necesitas realizar el ejercicio de alabanza muchas veces. Cada día, a ser posible. Media hora o más. No olvides que se trata de verdadera oración. Oración de óptima calidad pues hace que venga la gracia y cure tu problema.

— Necesitas ser creativo para buscar los motivos de alabanza a Dios. Al comienzo podrás tener alguna dificultad si no tienes la costumbre de alabar a Dios en tu oración habitual. Para favorecer tu alabanza podrías escribir toda una lista de motivos para alabar a Dios. Por ejemplo, alabar a Dios: 1) por tu vida, tus dones, cualidades físicas, psíquicas, emocionales, espirituales; 2) por tu padre: por todo aquello que él es, hace de bueno para ti y para los tuyos; 3) por tu madre: por todo lo buena que es, por lo bueno que hizo y hace y vive en la familia; 4) por tus hermanos, uno por uno; 5) por tu familia: amor en familia, bienes, ayuda mutua, amistad, fe, etc.; 6) por tus familiares que te han hecho algún bien; 7) por tus profesores, colegas de infancia, de escuela, por tus amigos actuales; 8) por tu trabajo o profesión, por todo el éxito alcanzado; 9) por todo el bien que has realizado en tu vida; 10) por tu fe y vida religiosa; 11) por todas las gracias que has recibido en tu vida y familia; 12) por tu esposo o esposa, por tus hijos, uno por uno, por tus bienes materiales.

— Repasa todos aquellos motivos, dividiendo algunos para cada vez, detallando con mucha riqueza cada uno de los motivos que tienes para elogiar a Dios.

3. La alabanza cura el pesimismo

Los pesimistas son aquellos que miran el presente y el futuro con amargura, desesperanza, incredulidad, rechazo y crítica negativa. Todo les parece mal, desordenado, negativo. Analizan a las personas, los acontecimientos, la sociedad, la religión, el gobierno, el trabajo, la educación, los medios de comunicación, siempre por el aspecto negativo, defectuoso, tenebroso y malo. Sólo las cosas, las personas, la manera antigua eran buenas. Por el contrario, lo que se vive y se hace en el presente y se prevé para el futuro... todo está mal. Vive criticando el presente y el futuro.

La oración de alabanza puede liberar y curar todo el pesimismo. Puede abrir los ojos de la mente y el corazón para percibir el lado bueno, las cosas buenas, el bien realizado, el progreso que se logra, todo el lado bueno y positivo de los tiempos presentes, de las personas de ahora, y al mismo tiempo crea la esperanza hacia el futuro. La alabanza genera optimismo, esperanza, alegría de vivir y de realizar el bien. Quien mucho alaba a Dios siente gusto de vivir.

Pasos de la guía

1. Entra en clima de oración. Invoca la presencia de Jesús. Adóralo, elógialo, agradécele por las bendiciones recibidas.

2. Cuenta a Jesús tu problema de pesimismo y pídele la gracia de poder liberarte y curarte.

3. Alaba a Dios Padre, o al Hijo, o al Espíritu Santo por todo el bien que vives y haces; por todo el bien que es realizado en el tiempo presente, a tu alrededor y en todo el mundo.

4. Pide a Jesús que cure tu pesimismo y te conceda la gracia de vivir con alegría y optimismo. Pide que te abra los ojos para poder percibir todo el

bien que existe en las personas y que es realizado cada día.

Para llevar a cabo esta guía, lee los pasos del ejercicio anterior, presentado arriba, en este capítulo, para la curación del negativismo. Haz las debidas modificaciones, pasando del negativismo al pesimismo. Realízalo con inteligencia y creatividad.

Debes prestar mayor atención al punto 3, pues en este ejercicio debes alabar a Dios, no por el pasado, sino por el presente, por todo lo bueno, por las cosas buenas que vives en el presente, como por todo el bien que es realizado, vivido cada día en el tiempo actual.

Puedes hacer una lista de los motivos actuales que tienes para alabar a Dios. Por ejemplo: alabas a Dios : 1) por el hoy de tu vida: salud, bienes materiales, dones naturales, profesión, trabajo, fe, religión; 2) por tu familia: tu padre, tu madre, tus hermanos, familiares, esposa, hijos, nietos, parientes; 3) por el bien que es vivido y realizado en tu familia; 4) por todo el bien que vives y haces en casa, en el trabajo en que participas; 5) por todo el bien que es realizado a tu alrededor por amigos, colegas, profesores, médicos, sacerdotes, laicos, asociaciones, movimientos, etc.; 6) por todo el progreso que se da en la medicina, en las ciencias, en la agricultura, en la religión, etc.; 7) por todo el bien que puedes imaginar que es realizado en algún lugar del mundo por alguien cada día. Añade todavía muchos otros motivos que existen, por los cuales puedes alabar a Dios, que es el autor de todo bien.

4. La alabanza soluciona la inferioridad

Los portadores de inferioridad son personas que por razones muy diversas se han vuelto disminuidas ante sí mismas. Han adquirido un sentimiento muy fuerte de ser menos que los demás, de no ser aceptadas y amadas por los otros, de no ser capaces como los demás, de ser inútiles, de no poder asumir compromisos, tareas, trabajos, por no ser capaces. Para éstos lo que sienten se ha vuelto la verdad aunque en realidad no lo sea.

Algunos asumen la inferioridad y no sufren tanto. Otros en cambio viven irritados, disgustados, refugiados en sí mismos.

La oración de alabanza puede solucionar el problema de la inferioridad. Puede curar la inferioridad y dar un nuevo sentimiento de capacidad, igualdad, libertad interior. Por la alabanza la persona adquiere nueva conciencia de sus dones, de sus valores, de sus cualidades y capacidades, de sus reales posibilidades.

Pasos de la guía

1. Entra en oración. Invoca la presencia de Jesús: adóralo, alábalo y agradécele por las bendiciones y gracias recibidas.
2. Cuenta a Jesús tu problema de inferioridad. Cuéntale cómo te sientes. Entrega al Señor tus sentimientos de inferioridad.

3. Alaba a Dios Padre, o al Hijo, o al Espíritu Santo por todo el lado bueno de tu vida, por todo el bien que eres, tienes y haces.

4. Pide a Jesús la curación de tu inferioridad y la alegría de vivir en la libertad interior, sin la prisión de la inferioridad.

Sigue esta guía para la curación de la inferioridad, desarrollando cada paso con creatividad y buena voluntad. Puedes releer el ejemplo ofrecido en este capítulo cuando trata de la curación del negativismo. Hay mucha semejanza entre los dos ejercicios. Basta que adaptes lo que es propio del problema de inferioridad.

Merece especial atención el punto 3 del ejercicio. Allí debes tomar como motivo de alabanza todo aquello que de bueno y positivo existe en tu persona; el bien que has realizado y realizas. Podrás hacer una lista de los motivos que tienes para alabar a Dios. Por ejemplo: alabar a Dios 1) por tu vida: existes, vives, eres alguien amado, amas, puedes realizar mucho bien; 2) por tus cualidades físicas: tu cuerpo, ojos que ven, manos perfectas, pies que andan, tu salud, tus fuerzas físicas, etc.; 3) por tus capacidades y cualidades humanas, psíquicas, artísticas, deportivas, etc.; 4) por tu familia: padres, hermanos, familiares, marido, esposa, hijos; 5) por todo el bien que has realizado en tu vida; 6) por todo lo bueno que haces, sabes hacer, te gusta hacer; 7) por los éxitos alcanzados en algún campo de actividad; 8) por tus dones espirituales, etc.

Añade muchos otros motivos para alabar a Dios. Principalmente los que hacen ver todo aquello de bueno que eres, que haces, que puedes hacer.

5. *Observaciones útiles*

— Como todos los demás ejercicios de este libro, éste debe ser realizado varias veces, muchas veces, según la profundidad del problema que ha de solucionarse. Repetirlo hasta eliminar el problema.

— Es importante realizarlo en clima de fe y oración, con fuerza de voluntad y creatividad.

— Si no logras realizar el ejercicio orando espontáneamente, podrás escribirlo todo, con profundidad y detalles. Después lo realizarás leyéndolo en clima de oración y comprometiendo tu corazón.

Antes de comenzar cualquiera de estos ejercicios para tu autocuración, relee el capítulo tercero.

Buenos deseos
y votos en tu favor

Al terminar estas páginas, escritas con el único deseo de ofrecer ayuda a quienes buscan soluciones para sus problemas psicológicos y emocionales, deseo y pido a Jesús resucitado que, por la acción poderosa del Espíritu Santo, conceda abundantes bendiciones de curación psicológica y emocional, libertad interior, salud plena, a todos los que recurran a El a través de estos ejercicios psicoespirituales.

A ti, hermano lector, que al realizar alguno de estos ejercicios recibieres la bendición de la solución de tus problemas, te pido encarecidamente que pienses, con mucho cariño, en tantos otros portadores de problemas semejantes al tuyo, y quieras socorrerlos, auxiliarlos. No los dejes sufriendo, ya que puedes auxiliarlos. Con el mismo amor con que me propuse ayudarte a ti y a todos los lectores, ¡socorre a tus hermanos!

A ti, lector hermano, que no tienes problemas mayores, y que al leer estas páginas has recordado personas conocidas portadoras de sufrimientos y problemas que podrían ser sanados con alguno de estos ejercicios, ámalas socorriéndolas, enseñándoles cómo pueden solucionar sus sufrimientos y problemas.

Qué maravilloso y divino es poder ayudar a las personas a ser más sanas, felices, realizadas y realizadoras. Además, Jesús vino precisamente para esto. Vamos a unirnos a El, para que un mayor número de hermanos nuestros lleguen a aquel ideal.

Te bendigo como también a los tuyos, cantando esta bendición:

¡El Señor te bendiga
y te guarde!

¡El Señor te muestre su rostro
y tenga misericordia de ti!

¡Vuelva el Señor su rostro
hacia ti y te conceda su paz!
¡Así sea!

Indice

Presentación   7

Capítulo I
Flores y espinas en el camino de la vida   9

Capítulo II
Las posibilidades de la oración
para la autosanación interior   15

Capítulo III
Dejáte amar   21

Capítulo IV
Cura tus heridas emocionales   27

Capítulo V
Otras heridas del corazón   41

Capítulo VI
Si el arrepentimiento matara...   53

Capítulo VII
Cura tus traumas y perturbaciones emocionales
causadas por la muerte   65

Capítulo VIII
Cura todos los rechazos   75

Capítulo IX
Oración para la autosanación interior   87

Capítulo X
Cura tus relaciones con Dios   101

Capítulo XI
La sanación psicoemocional
por la imaginación creativa   115

Capítulo XII
La curación del negativismo,
del pesimismo, de la inferioridad   125

Conclusión   141

TALLER SAN PABLO
SANTAFE DE BOGOTA, D.C.,
INPRESO EN COLOMBIA — PRINTED IN COLOMBIA